読みなおす日本史

# 江戸城

## 将軍家の生活

村井益男

吉川弘文館

# 学術文庫版へのまえがき

本書の原本の初版が中央公論社から刊行されたのは昭和三十九（一九六四）年であったから、もう四十五年近くも前のことになる。幸い多くの読者を得たことは、筆者としてたいへん嬉しいことであった。

この書は、太平洋戦争後の江戸城関係出版物としては、早い時期のものであったが、刊行後、江戸城およびこれと不可分の関係にある江戸の町の研究は年をおって盛んになり、それにつれて関係の著書、論文の公にされたものもきわめて多い。そのようななかで、このたび本書を学術文庫の一冊に加えることに同意したのは、長年月を経ているにもかかわらず、再びこれを世に送ることになお意義があると考えたゆえである。

私はかつて、本書の「まえがき」に、自分の江戸城への関心について記した。城に人々が寄せる関心は多様だが、研究の面からみれば、城郭研究の主流は、建築史や土木史および軍事史的な観点にあった。これに対して私は、「歴史のなかでの江戸城の重み」について書こうと試みると。

このような関心は今も変わっていない。言い方を変えれば、江戸という場所と江戸城という建物を舞台にみたて、その舞台上で演じられた歴史という連続劇をみる、とでも表現できようか。このような私の関心からみれば、数多くの江戸城に関する刊行物も、それぞれに貴重な成果を加えながらも、かならずしも私の期待を満たしてくれているようには思えない。

もちろん本書が十分だというわけではない。記述の広範囲なのに対してスペース不足で、各部分の説明が簡略にすぎることは明らかである。しかしそれでもなお、江戸城の全体像、すなわち私のいう〝歴史のなかでの江戸城の重み〟を理解する手引きとしては、本書は役立つのではないかと考えている。

学術文庫の性格上、本書の内容は昭和三十九年刊行時のままを原則とし、変更は誤記、誤植と年月の経過にともなう最小限の字句修正にとどめた。ただし、一部の図版はかなり大幅な変更を加えてある。また三十九年以後の江戸城研究の進展については、本文末尾に補稿を付記し、絵画文献・考古資料などの新史料の発見が江戸城研究に新しい視点・知見をもたらした情況について、私の知るところを略述した。

最後に、とかく遅れがちになる私の作業に対して寛容に御協力いただいた編集部の和田ひとみ・砂田多恵子両氏に深く感謝の意を表する。

平成二十年七月

村井益男

# まえがき（原本）

今から約八百年前、十二世紀の半ばころ、豪族江戸四郎重継《しげつぐ》がはじめて江戸に館《やかた》を設けてこのかた、江戸城は三度の大きな転機を経てきた。

第一の転機は太田道灌《おおたどうかん》による長禄《ちょうろく》元（一四五七）年の築城で、このとき江戸城は土豪武士の館から中世城郭へと脱皮した。第二の転機は天正《てんしょう》十八（一五九〇）年徳川家康の江戸打入りで、これによって江戸城は近世的大城郭へ発展し、やがては天下人たる将軍の居城となる運命がひらけていった。第三の転機は、いうまでもなく明治元（一八六八）年明治天皇の皇居と決定したときである。以来現在まで三代の天皇の皇居として、日本の近代史のなかに大きな役割を果たしてきた。

そして今日、江戸城は四度目の転機をむかえようとしているかにみえる。

あまりにも無原則に巨大化した東京の、都市計画上のしわよせとも関連して、皇居開放論が唱えられたり、また現実には敷地のないままに堀が埋められ、堀に掩いかぶせて高速道路を走らせたりで、近来にないスピードで江戸城の姿は刻々に失われつつある。江戸城は今後どうなるのか、私は無計画な、なし崩しの江戸城破壊に強い不満を覚えずにはいられない。

城をみるには幾つかの立場があろう。過ぎ去った歴史に対する抒情、伝統に対する郷愁といった懐古的な感情でこれを眺める人もあろうし、城を歴史的な学問研究の対象とみる人もあろう。その場合でも、建築様式や構造美に重点をおいた建築史的な見方もできれば、城の軍事施設の構造に重点をおいた軍事史的な見方も可能である。

江戸城は明治以来百年のあいだに、主要な建物はほとんど消滅し、今では堀、石垣、それにわずかな櫓《やぐら》と城門を残すだけになった。この点、建築史や軍事史の上からは、あるいは興味の少ない城郭であるかも知れない。しかし江戸城には他の城にはみられない大きな歴史的意義があった。

江戸城はなぜ重要なのか。それを理解するには現在残っている遺構を眺めるだけでは不十分であり、歴史のなかで占めた重みを知ってこそ、はじめて納得できるようになるだろう。そのような気持で私は本書に江戸城の歴史を書き、なかでも次の点で江戸城の歴史的意義を重くみた。

まず第一に、江戸城は八百年の長い歴史をもつ。これは他の城にはないことであり、しかも、江戸氏、太田氏、上杉氏、北条氏、徳川氏、現在の皇室と、六度その主を替え、現在にいたるまで、なお生命を維持しつづけている特異な城である。

第二には、城の発達史からみて、江戸氏時代の豪族館から太田氏の中世城郭へ、そして徳川氏の近世城郭へと、一つの城が継起的に発展していった珍しい例である。

第三には、江戸時代の江戸城は日本最大の巨城であり、その建設には全日本的規模で、物資、技術、労力が動員された。幕府は譜代《ふだい》、外様《とざま》を問わず、東北から九州にいたる全国の諸侯に助役を課し、何千艘もの石船を浮かべて石材を運ばせた。城郭そのものは封建的専制君主の居城であるが、それを作りあげたのは、当時の最高水準の建設技術と、全日本から集められた民衆の労働の結集であり、この意味では、江戸城は封建時代の日本人が築いたもっとも壮大な記念碑である。

第四には、江戸城は将軍とその家族の住居であるとともに幕府の政庁をも兼ね、国内政治の中心であり、幕府政治展開の舞台であった。城中でくりひろげられた儀式や年中行事も封建政治の一側面である。表面ははなやかにみえる将軍や大奥の女性たちの生活も、豪奢な反面、形式主義な慣例や作法にしばられ、窮屈な面が多かった。君主の私生活と公的な政治とのかかわりあいが大きい封建政治では、このような城中の生活面も軽視できない。

江戸城についての研究は、これまではなはだ少なかった。それには皇居という特殊事情や、徳川氏関係史料の散佚《さんいつ》といった研究上の不利な条件も関係していた。しかし最近では、旧大名家の史料も次第に公開されるようになっているので、この方面から江戸城に新しい照明をあてることも期待できる。

ともあれ、本書が江戸城に対する関心を高めることに少しでも役立てば幸いである。江戸城について御教示をいただいている松島栄一、杉山博、鈴木昌雄の諸氏に感謝の意を表する。

昭和三十九年七月

著　者

# 目次

# 1　江戸氏の館

## 江戸の誕生

十二世紀のはじめのころ、現在の皇居のあたりは草深い原野にすぎなかった。

当時このあたりを江戸とよんだが、その範囲は、後世のように広い地域を含んだものではなかったようである。平川《ひらかわ》の流れを境にして、その南側の丘陵地帯、いまの牛込から赤坂、金杉方面までを含む地域を桜田郷とよび（一五ページの地図参照）、江戸はそのなかの一村落にすぎなかった。その場所は、のちの江戸城本丸の台地、紅葉山《もみじやま》、局沢《つぼねざわ》などの一劃をさしていたと思われる。

では、なぜ江戸とよばれたのであろうか。その理由については諸説があるが、「江門《えと》」説といわれるのが一番妥当のようである。

江とは広くみれば東京湾、狭くみれば現在の日比谷、丸の内あたりに入りこんでいた入江をさし、その江の門、入口をさす意味で江門すなわち江戸と称されたというのである。

この草深い土地にはじめて進出し、居館を営んだのは江戸四郎重継《しげつぐ》という関東武士であった。

江戸氏は桓武平氏の流れで、武蔵平氏の有力豪族であった秩父氏から分出した家である。

寛平元《かんぴょう》（八八九）年、桓武天皇の曾孫にあたる高望王《たかもちおう》が、上総介《かずさのすけ》として任国上総におもむいてから、桓武平氏の坂東進出がはじまった。高望王の多くの子孫は関東各地にひろがり、土着の豪族となって、いわゆる坂東八平氏の祖となった。

高望王の第五子の良文《よしぶみ》は、武蔵守に任ぜられ、武蔵、相模一帯に勢力をのばし、良文の子忠頼は武蔵平氏諸流の本宗である秩父氏の祖となって、ここから土肥《とい》、畠山、千葉、豊島《としま》、葛西《かさい》、江戸、河越《かわごえ》など、有力な武蔵武士が分流していった。

武蔵国の秩父、大里両郡を本拠としていた秩父氏は、武基《たけもと》、武常《たけつね》の時代におおいに発展し、武常の子孫は武蔵国東部にまで進出して、豊島郡、葛西郡の地を開拓した。これはだいたい十一世紀末であろうと推定されている。以後秩父氏の東武蔵への進出が続き、重継の叔父にあたる基家《もといえ》は川崎地方を領した。畠山系図によると「河崎冠者《かわさきのかじゃ》、武州荏原《えばら》郡知行」とあるから、江戸にすぐ隣接する南の地域である。

江戸四郎重継の母、つまり重綱の妻は、武蔵七党中の一党、横山党小野氏の女《むすめ》であった。また重綱は、同じく七党中の有力豪族、児玉党の男子を自分の養子に入れて、これに秩父氏を名のらせてもいる。

こうした姻戚関係によって勢力を固め、北武蔵地方の児玉党、横山党の勢力と、叔父の基家の荏原郡一帯の勢力を背景として、江戸重継はその両勢力の中間である江戸に進出していった。

彼は、江戸の地名をとって江戸氏を名のり、居館を築いて「江戸貫首《かんず》」つまり、江戸氏の惣領《そうりよう》となった。

江戸重継の事績については、じつは頼るべき史料がとぼしく、詳細なことはわからない。彼が築いた江戸館《やかた》にしても、その場所がどこで、どのような構造、規模をもつものであったのか、確実な徴証はなに一つ残っていない。ただ館がもうけられた場所が、おそらく後の江戸城、現在の皇居のある丘陵上であったことは、江戸時代に編纂された『新編武蔵風土記稿』をはじめ多くの文献によって確認されている。

中世の豪族の居館は、平常から防禦《ぼうぎょ》設備をほどこし、城の構えになっているのがふつうである。逆

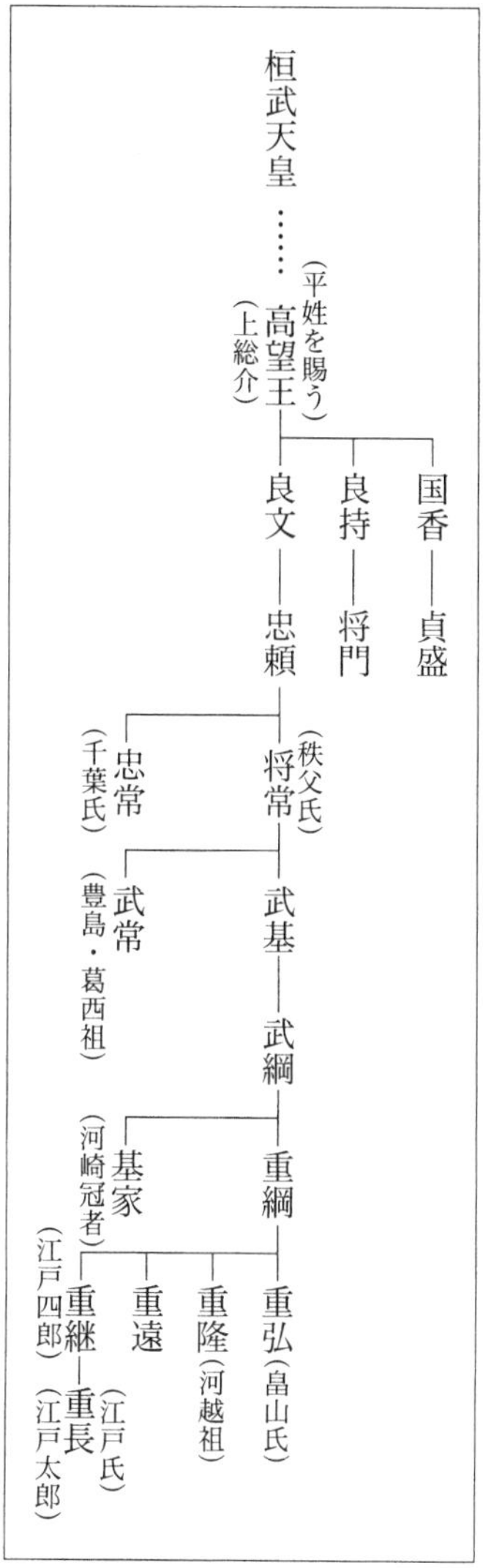

江戸氏の略系図

にいえば、一般に中世の「……城」とよばれるものは、戦闘のためだけの城ではなく、平常はそのまま彼らの館であった。

したがって館をいとなむには、要害の地を選ばなければならなかった。このような条件を考慮すると、皇居のある台地は標高がもっとも高く、台地の北東の麓を平川が流れ、南側には赤坂の溜池《ためいけ》のある谷地《やち》をひかえて、天然の要害をなしている。江戸館の位置をここに推定することは、当時の城館の立地条件からみてもうなずける。

もし江戸氏の居館と後の江戸城の地とが、ほぼ同じ場所であるとするならば、江戸氏以後のいくたびかの築城工事によって、江戸館の遺構がことごとく破壊されてしまい、その規模、構造をしのばせるものがなに一つなくなってしまったとしても不思議ではない。

しかし、その居館の構造がまったく見当がつかないわけではない。当時の中世城郭の一般的形式と、関東の豪族館の最近の研究、たとえば小室栄一氏の『中世豪族館城の研究』(昭和三十四年)などを参考にして想像をたくましくしてみると、その館は、高さ一、二メートルの土塁と、浅い空堀《からぼり》をめぐらし、要所要所には塀をたて、大手《おおて》、搦手《からめて》などには防備をかねた櫓門《やぐらもん》が構築されていたものと思われる。中の建物は、もちろん木造平屋建てであった。館の敷地面地は、数千坪から一万坪くらいであったろう。

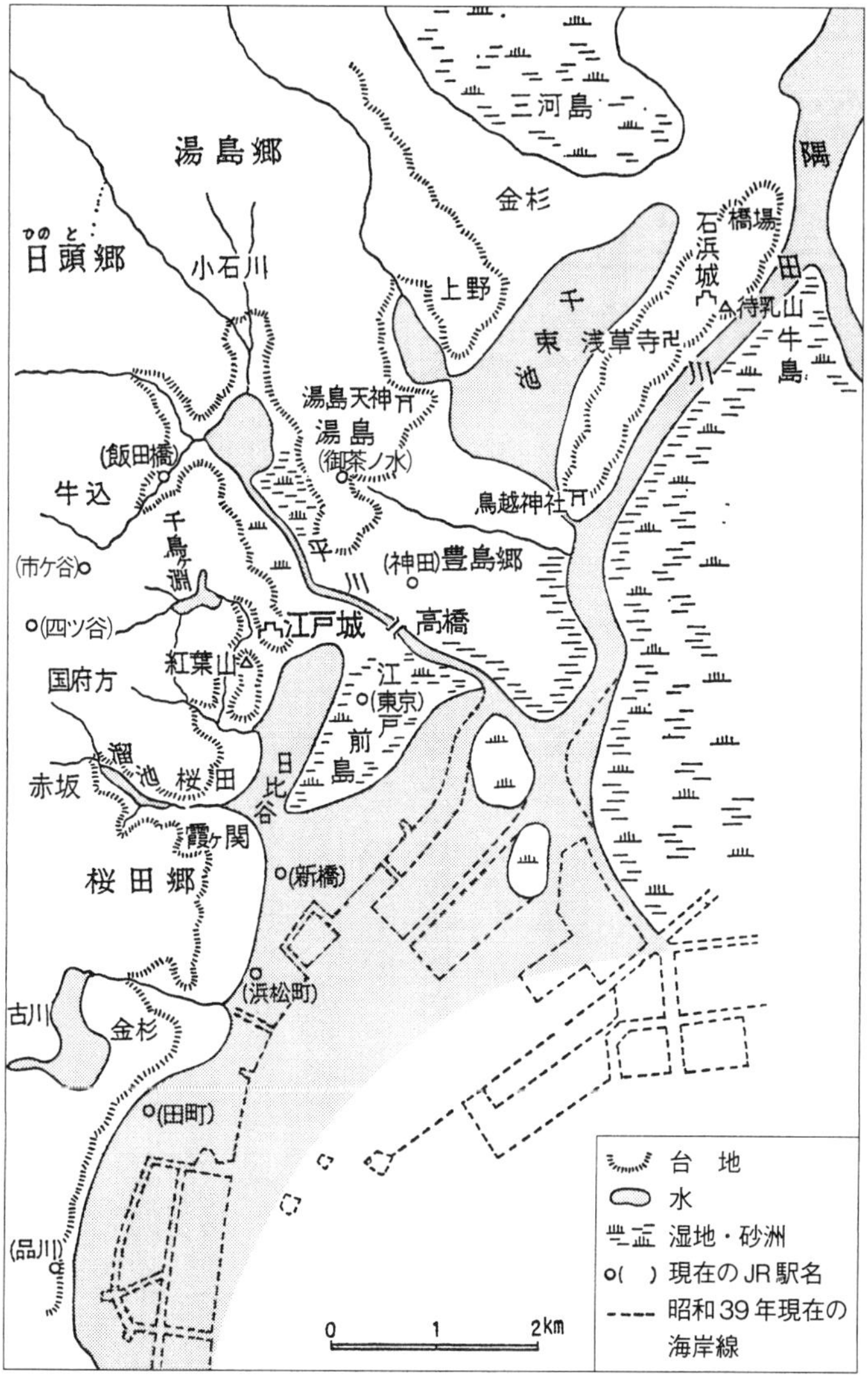

三河島
湯島郷
隅田
金杉
石浜城
橋場
日頭《ひのと》郷
小石川
上野
千束池
待乳山
浅草寺
牛島
川
湯島天神
湯島
(飯田橋)
(御茶ノ水)
鳥越神社
牛込
千鳥ヶ淵
平川
(神田)
豊島郷
(市ケ谷)
(四ツ谷)
江戸城
高橋
紅葉山
国府方
江戸前島
(東京)
溜池
桜田
赤坂
日比谷
霞ケ関
(新橋)
桜田郷
(浜松町)
古川
金杉
(田町)
(品川)
0
1
2km
台地
水
湿地・砂洲
( ) 現在のJR駅名
昭和39年現在の海岸線


中世の江戸推定図

### 隅田川に陣した江戸氏

江戸館に拠って東部武蔵に進出した江戸氏は、重継の長子の太郎重長《しげなが》の代にいたって史上に名をあらわしてきた。その機縁となったのは、源頼朝の東国挙兵である。

治承《じしよう》四（一一八〇）年八月十七日、頼朝は平氏討滅の決意を固めて、まず伊豆の目代《もくだい》山木判官兼隆を奇襲し、蹶起《けつき》した。緒戦では勝利をえたが、一週間後の相模国石橋山の合戦では、平氏側の大庭《おおば》景親《かげちか》軍の痛撃をくらって、頼朝は真鶴岬《まなづるみさき》から船で安房《あわ》国へ脱出した。平氏軍は追及の手をゆるめず、八月二十六日、頼朝に味方した三浦党の総帥義澄《よしずみ》らを相模の衣笠城《きぬがさじよう》に攻め、義澄の父三浦大介義明《おおすけよしあき》を討ち取った。このときの平氏側攻撃軍のなかに、畠山重忠《しげただ》、河越重頼《しげより》らと並んで江戸太郎重長の名がみえ、江戸氏が正史にはじめて登場してくる。

この三浦攻撃軍にみられるように、秩父党系の武蔵平氏の多くは、頼朝緒戦のころは平氏側に立ち、その後もこの状勢がしばらく続いた。頼朝が勢力をもりかえし、安房国から上総《かずさ》、下総《しもうさ》国をへて武蔵国に進出し、相模国鎌倉に向かおうとしたとき、その前面に立ちふさがって頼朝を約半月ものあいだ下総国に釘づけにしたのも、江戸氏を中心とする武蔵平氏の動向であった。

治承四年九月十七日、頼朝は一万七千の大軍をひきいて下総の国府に到着したが、江戸に蟠踞《ばんきよ》する江戸太郎重長がいっこうに頼朝に従うふうもない。頼朝は重長の一族にあたる豊島氏、葛西氏らを介し、あるいは直接使者をも派遣して、重長らが平氏軍に参加したことは水にながすから源氏に味方するようにと勧諭した。

『吾妻鏡』には、頼朝がいろいろと重長懐柔《かいじゅう》に手をつくした事情を述べているが、頼朝は重長にたいして「武蔵国では汝が武士の棟梁《とうりょう》であり、頼朝としてもふかくたのみに思っている。だから早く配下の勇士を引き連れて参上せよ」と言ったとも記している。

重長はそれでもなお頼朝の招きに応じようとはしなかった。ついに頼朝は葛西清重《きよしげ》に命じて重長暗殺をはかった。清重らは必死になって重長を説いたであろうが、なお重長の腰はあがらなかった。

十月二日、頼朝はしびれをきらして、精兵三万余騎をしたがえ、太井川《ふといがわ》（現在の江戸川）、隅田川を渡って武蔵国に進撃し、隅田宿《すみだのしゅく》に陣した。「隅田宿」というのは現在の台東区浅草橋場《はしば》のあたりであろうといわれている（『千代田区史』）。このような状勢と葛西清重の説得によって、ついに重長が意を決して頼朝の幕下《ばっか》に参じたのは、翌々日の十月四日のことであった。

十四世紀末から十五世紀にかけて成立した『義経記《ぎけいき》』には、頼朝の隅田川越えと江戸重長の降伏について、つぎのような話をのせている。

頼朝が大軍をひきいて隅田川の東岸に達すると、おりからの降雨と上げ潮で川は満々として海のごとく、とても渡河どころではなかった。しかも渡河点には江戸太郎重長らが陣を張り、櫓を立てて備えを固めている。このありさまをみて、頼朝は「彼奴《きやつ》が首取れ」と命じたので、重長は急におじけづき、葛西氏らをたよって降伏を申し出た。頼朝は、はじめは許さなかったが、千葉、葛西氏らの取りなしで降参をみとめ、まず最初の働きとして「江戸太郎は八ヵ国の大福長者だと聞いているから、舟をならべて浮橋を組み、頼朝の大軍を渡せ」と命じた。重長は、それは無理な命令だと、「首を召さるとも、いかでか渡すべき」と申し述べた。しかし千葉、葛西氏らが協力して数千艘の舟をかりあつめ、命ぜられたとおりの浮橋をかけ、無事、源氏軍は隅田川を渡りきった……。

この話の内容をそのまま鵜呑《うの》みにすることは勿論できないが、このような説話がつくられ、信じられるほどに江戸氏が栄え、富強であったとみることはできるであろう。「八ヵ国の大福長者」という形容も、重長その人をさすよりも、重長以後の江戸氏の繁栄をあらわしているとみることができる。

それはさておき、重長の行動をみると、彼がはなはだ優柔不断のように思えるが、重長の身になってみれば、そうたやすくは頼朝のもとにおもむけない理由があった。まず、自分らが攻め殺してしまった三浦義明の子の義澄以下三浦一党が頼朝の側近勢力にいては、うっかり顔を出した途端にどんな復讐をうけないものでもない。このへんの見きわめがむずかしい。第二の理由は、江戸氏単独で動向を決めるのでなく、畠山、河越氏らを含めて一族一党として進退を決するため、相談を重ねていたのではあるまいか。これは、当時の武士団の団結の仕方からいっても当然のことであるし、また十月四日に長井渡に参向したのが江戸重長だけでなく、畠山重忠、河越重朝らも一緒であったことからも推察される。

頼朝は重長らの降伏をゆるし、三浦一党にたいしては、「有勢《うせい》の輩《やから》を抽賞せられずんば、縡《こと》成り難からんか、忠直《ちゆうちよく》を存ずる者は、更に憤《いきどおり》を貽《のこ》すべからず（今は草創のときであるから、有力な輩には恩賞を与えて味方にしなければ事は成就しがたい。たとい旧敵であっても今後の忠誠を誓う者に遺恨をもってはならない）」と申し含めたという。頼朝がとくにそう言い含める必要があったほどだから、江戸重長が三浦一党を警戒したのは当然であった。

翌五日、重長は武蔵の在庁職《ざいちようしき》を頼朝から与えられた。これは武蔵でもっとも勢力のあった秩父党の正統畠山氏をおさえる頼朝の政策であり、一方重長が、頼朝から武蔵武士の「棟梁」だとか、「有勢の輩」の一人に数えられるほどの勢力を張っていたことをも証明するものである。

**矢口渡の「きたなき男のふるまい」**

江戸氏は惣領重長のあと、多くの嫡庶《ちやくしよ》の系統にわかれ、江戸館を中心に江戸周辺の各地域を領して発展していった。このような一族庶流の分立は、江戸氏全体としては一族の発展を示すものであったが、同時にこれら一族を統制する族長としての惣領家の力を弱めることになった。

こうした現象は惣領制の解体とよばれ、江戸氏にかぎらず鎌倉時代の末の武士団には、かなり一般的にみられた。惣領制の解体は鎌倉武士団の基礎を掘りくずし、その結果として、鎌倉幕府、北条氏の滅亡をもたらした。しかし、鎌倉幕府とかわった後醍醐天皇の建武中興政府も、変容する武士階級の要求にこたえきれず、まもなく南北朝の内乱に突入する。

南北朝の内乱は、足利一族をはじめとする有力武士が、守護として諸国の在地武士を組織化しようとする動きと、自立し伸張しようとする在地武士の要求とがからみあい、あるいは対立しあい、やがて新しい時代を劃す陣痛であった。その結果、室町時代の守護領国体制が生みだされた。

関東では、主として南朝方の新田氏と北朝方の足利氏とが抗争し、江戸氏は他の多くの武蔵武士と同じく足利氏の麾下《きか》に参じていた。しかし優勢にみえた足利氏のなかにも、内訌《ないこう》があり動揺があった。とくに、関東のおさえとして置かれた鎌倉御所足利基氏《もとうじ》（尊氏《たかうじ》の子）の執事であった畠山国清《くにきよ》に対して、関東武士は心服していなかった。

新田義貞《よしさだ》の子義興《よしおき》は、このような足利方の内部矛盾を利用して武蔵に侵入し、攪乱《かくらん》戦法に出たので、畠山国清は夜もねむれぬほど苦しめられ、ついに新田義興の謀殺をはかった。この暗殺劇の主役を演じたのが江戸氏である。

『太平記』には、「新田左《さ》兵衛《ひょうえ》ノ佐《すけ》義興自害ノ事」として事件の経過がくわしく書かれている。文和《ぶんな》元（正平《しょうへい》七、一三五二）年、宗良《むねよし》親王を奉じた新田義興と足利尊氏が激突し、武蔵野合戦がおこった。この合戦のころ義興に属し、のち足利方に寝返った竹沢右京亮《うきょうのすけ》（江戸氏の一族といわれる）という武士がいたのを幸い、国清はこれを利用する一計を案じた。すなわち、右京亮に冤罪《えんざい》をきせて所領を没収し、彼を義興の陣にはしらせたのである。はじめ義興は警戒していたが、竹沢が京都から「アル宮ノ御所ヨリ少将殿ト申シケル上臈《じょうろう》女房ノ、年十六七許《ばかり》ナル、容色無レ類《たぐいなく》、心様《こころさま》優ニヤサシ」い娘を呼んで義興の側に侍らせるなどしたので、義興もついには右京亮に心を許すようになった。

竹沢はある夜、月見の宴に義興を招き、これを謀殺しようとしたが、すでに義興に愛情をもちはじめていた少将局《しようしようのつぼね》に妨害され、失敗してしまった。竹沢は情容赦《なさけようしや》もなく少将局を刺しころし、堀に埋め、続いて国清に使者を送り、「小勢《こぜい》ニテハ打漏シヌト覚へ候、急ギ一族ニテ候江戸遠江守《とおとうみのかみ》ト下野守《しもつけのかみ》トヲ被《くだ》レ下《され》候へ」と援助を求めた（遠江守は下野守の伯父にあたる）。

国清は竹沢のときと同じ手口で、江戸氏伯父、甥の所領稲毛庄《いなげのしよう》十二郷を闕所《けつしよ》にして没収した。遠江守などは大いに怒り、稲毛の所領に兵をあつめて国清と一戦まじえる気勢をしめす一方、竹沢右京亮を通じて言葉たくみに新田義興に援助をもとめた。

そのときの遠江守の言い分は、鎌倉には当家の一族が少なくとも二、三千騎はいる。義興を大将に戴けば、相模国は勿論、関東八ヵ国をおさえて天下をくつがえすことも可能だから、まずひそかに鎌倉まで来てほしい、というのであった。義興はこの謀略にまんまとひっかかった。延文《えんぶん》三（正平十三、一三五八）年十月十日、主従わずか十三人で鎌倉にむかい、途中矢口渡《やぐちのわたし》（稲城市矢野口）を渡るところを、あらかじめ渡船の底に穴をあけ、岸には軍兵を伏せてまちうけた江戸遠江守らに襲撃され、ついに義興主従は河中に憤死した。

暗殺の成功によって竹沢、江戸らに恩賞が与えられた。やがて江戸遠江守は恩賞の地へ下るため、先日の矢口渡に通りかかったところ、突然天候が急変し、義興の船を沈めた船頭は下野守の面前で溺《おぼ》れ死んだ。遠江守は義興の怨霊《おんりよう》かとおそれ、別の渡口に向かったところ、ここでは、落雷にあって落馬し、重傷を負い、義興の怨霊に七日間も苦しめられて狂死した。そのころ畠山国清も義興の怨霊を夢に見、また入間川《いるまがわ》の陣所も落雷で焼けた。

これらのうち続く怪異をおそれた矢口渡近辺の人々は、よりより集って義興の霊を慰めるために新田大明神の社を建立した（社は大田区矢口にあり、矢口渡はこの付近との説もある）。

この「新田義興謀殺事件」によって、江戸氏は「きたなき男のふるまい」とつまはじきされ、人望も勢力もうしない、やがて一族の衰退を招いてゆく。

この事件から十年後、鎌倉の関東管領《かんれい》に反抗する平《たいら》一揆の反乱に参加したことが、江戸氏衰退の第二の契機となった。平一揆は武蔵平氏の流れをくむ武士団の連合で、基氏の執政時代に鎌倉御所に不満をいだいていた人々も、この反乱に加わった。反乱の主謀者は河越氏、高坂氏であったらしいが、江戸氏、豊島氏などの一族も参加した。しかし反乱は、基氏の子の金王丸《こんのうまる》、その執事上杉憲顕《のりあき》らによって間もなく平定された。

応安《おうあん》元（正平二十三、一三六八）年十月、金王丸は平一揆の論功行賞をおこない、それとともに「平一揆に与《くみ》する輩」の罪科のこともおこなった。反乱に参加した江戸氏は相当の所領を没収されたと思われる。

十五世紀はじめころの史料をみると、江戸氏は十六家の「江戸惣領之流」といわれる小領主に分かれ、強大な中心もなく、どれが本来の江戸氏の惣領かわからない状態になっている。

このような事情のもとで、江戸館はどうなっていたであろうか。確実なことは勿論わからないが、一説には後年太田道灌が江戸城を築くまで江戸氏の子孫が住み、道灌によって多摩郡の木田見《きたみ》（世田谷区喜多見）に移居させられたという。また一説では、館跡は無人となっていたともいわれる。慶元寺本『江戸北見系図』によると、江戸惣領家は室町時代の初期のころ、重長以来の由緒の地江戸をはなれて木田見に移ったという。しかしその所領が後年まで局沢（千代田区皇居内）にあったことは、後の文書に明らかであるから、太田道灌が登場するのをまたず、江戸には所領のみがあって、すでに館には在住する人がなくなっていたとするのが一番正しいであろう。

## 関東の争乱

江戸氏をはじめとする武蔵武士団の惣領家が没落し、その庶流が独立、発展した十四世紀後半から十五世紀は、また関東の支配体制が大きく分裂した時代でもある。

室町幕府が関東支配のためにもうけた鎌倉御所は、関東が足利氏発祥の地であるだけにその地位もおもく、初代は尊氏の第四子の基氏、これを補佐する管領は姻戚の上杉憲顕という強力陣容であった。しかしこのため、鎌倉御所はあたかも小幕府の観さえ呈するようになり、ややもすれば京都の幕府の命に従わないようになった。それでも三代までのあいだは何とかおさまったが、四代の足利持氏《もちうじ》のときに、ついに幕府と衝突した。

応永《おうえい》三十五（一四二八）年正月に将軍足利義持が死ぬと、子どもがないために継嗣問題がおきた。

このとき持氏は、京都の本家に帰ってみずから将軍になることを望んだ。しかし京都側では、義持の弟のなかからくじびきで相続者をきめることとし、そのくじに運よく青蓮院座主義円《しょうれんいんざすぎえん》があたり、義円は六代将軍足利義教《よしのり》となった。もちろん持氏はおおいに不満で、義教を「還俗《げんぞく》将軍、還俗将軍」と呼んで馬鹿にし、ことごとに幕府に反抗的態度をとるようになった。新しく定めた年号を使うことをしぶったり、新将軍就任のとき祝賀の使を派遣しなかったばかりか、ついには、鎌倉の鶴岡八幡宮に血書の願文を奉納して、義教らすべてを討滅し、また全関東を永久に支配することを強く祈願するようになった。

こうした持氏の強い反抗的態度を、管領の上杉憲実《のりざね》は諫め抑えてきたが、かえって持氏の不興をかい、上野《こうずけ》（群馬県）の白井《しろい》に身をひくにいたった。すると持氏は追討軍をさし向けた。かねてから関東の専横を抑えようと機を狙っていた将軍義教は、これをきっかけに、上杉氏に対する援軍を関東に出撃させた。持氏も幕府・上杉氏連合軍にはかなわず、敗走し、永享《えいきょう》十一（一四三九）年、鎌倉永安寺で自殺した。

その後、持氏の遺子成氏《しげうじ》がふたたび鎌倉御所に迎えられたが、父を討った上杉氏とのあいだが円満にゆくはずがなく、成氏が上杉憲実の子憲忠《のりただ》を謀殺したのを機に、上杉氏と足利成氏の激しい闘争がはじまった。

康正《こうしょう》元（一四五五）年、幕府は、駿河守護今川範忠《のりただ》を派遣して上杉氏に加勢し、成氏を攻撃させ、このため成氏はついに鎌倉を去り、下総国古河《こが》に移らざるをえなくなった（古河公方《くぼう》）。

こうして関東東北部の豪族は成氏に味方し、西南部の諸将は上杉方につき、関東地方は、おおむね利根川の上流部分、渡良瀬川《わたらせがわ》および荒川を境界として両勢力の争いが続くようになった。

## 2　道灌築城

### 拠点を守る青年城主

江戸四郎重継がはじめて江戸に拠ってから約三百年、江戸氏の惣領が江戸館をはなれてから約百年たったころ、江戸の地に太田道灌《どうかん》（扇谷《おうぎがやつ》上杉家の家宰《かさい》）がふたたび江戸城を築いた。

江戸は、江戸氏そのものが衰退の道をあゆんだため、中世都市として発展するにはいたらなかったが、この江戸の停滞を破ったのが太田道灌（一四三二―八六）の築城であり、決定的には徳川家康の入府であった。

太田道灌（資長《すけなが》）の江戸築城は、康正二（一四五六）年に着手し、翌長禄《ちょうろく》元年四月八日に一応の完成をみたといわれる。着手したときは足利成氏が古河にうつった翌年で、関東を二分する上杉氏と足利氏の両勢力の対峙が明らかになった時期である。

当時の足利成氏側の拠点は、古河城を中心に、忍《おし》、菖蒲《しょうぶ》、野田、関宿《せきやど》、羽生《はにゅう》などの諸城であり、これに対抗する上杉方の防禦線は、遠くは上野《こうずけ》の白井《しろい》城、以下武蔵の松山、蕨《わらび》、深谷《ふかや》、岩付《いわつき》、川（河）越、江戸の諸城をむすぶ線であった。江戸城は、この上杉方防禦線の最南端のおさえであり、成氏の有力な与党であった千葉、梁田《やなだ》、結城《ゆうき》、里見氏など、下総、上総の諸豪族をおさえるもっとも重要な拠点として築かれた（次ページの地図参照）。このとき道灌は弱冠《じやつかん》二十六歳、前々年の康正元年に父道《どう》真《しん》から家督を譲られたばかりであった。

ここで道灌の生まれた太田氏と、その主家上杉氏についてみておこう。

上杉氏、太田氏はともに丹波国の出身で、上杉氏は同国上杉庄（京都府何鹿《いかるが》郡東八田村上杉）、太田氏は五箇庄（同船井郡五ヶ庄村）、太田郷（同南桑田郡稗田野《ひえだの》村太田）に住んでいた。

鎌倉時代のはじめ、太田氏の祖先の資国《すけくに》が、上杉庄の地頭上杉重房《しげふさ》につかえ、両者のあいだに主従関係が生じた。そののち建長《けんちよう》四（一二五二）年、宗尊《むねたか》親王が鎌倉幕府の将軍として鎌倉に下ったとき、親王にしたがって関東に来住したといわれる。やがて上杉氏は足利氏と縁をむすび、その女《むすめ》が尊氏、直義《ただよし》兄弟を生んで外戚となり、鎌倉御所を補佐する職を継承した。室町時代のはじめ、上杉家は扇谷、犬懸《いぬがけ》、山内の三家にわかれたが、犬懸家は早く没落し、扇谷、山内両上杉氏がさかえ、太田氏はその扇谷家の家臣となり、家宰をつとめた。

道灌は永享《えいきよう》四（一四三二）年、太田資清《すけきよ》（道真）を父として生まれた。幼名を鶴千代、名は資長といい、道灌と号したのは『道灌状』によると四十八歳以後のことであるらしい。

## 城高くして攀ずべからず

ところで、江戸城はいったいどこにあったのだろうか。もっとも妥当とされているのは、江戸氏の

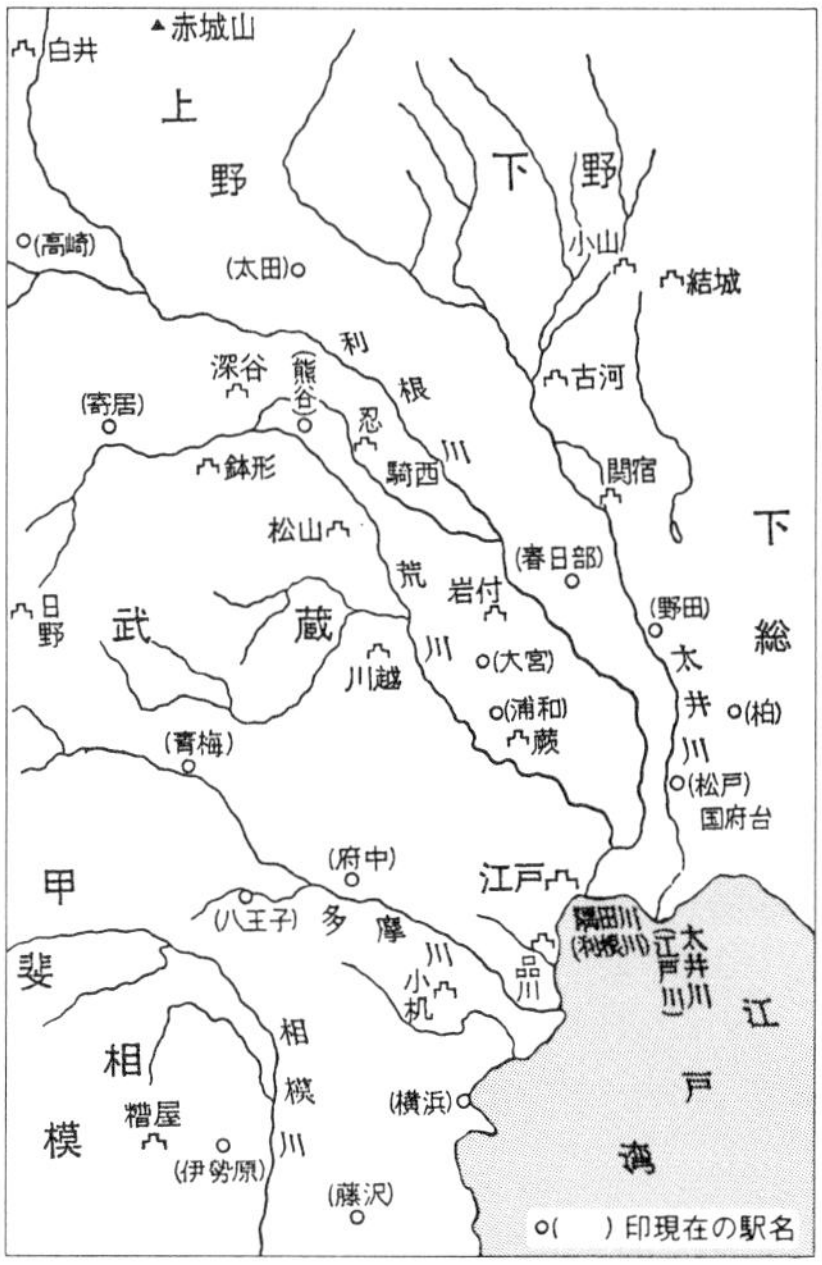


**上杉氏と古河公方の対抗**　関東地方を斜めに東西に二分する利根川，太井川の線に沿って，両勢力の拠点が分布する．太井川は江戸川の古称．利根川は後世と異なり江戸湾に流入していた

江戸館跡、つまり後の徳川氏の時代に江戸城本丸が築かれた台地にあったろうという説である。とすると、江戸四郎重継、太田道灌、徳川家康、この三人が同じ場所に城を築いたことになるわけである。

それでは、道灌は城をかまえるのになぜこの地点を選んだのであろうか。それをたしかめる確実な史料は乏しい。伝説をもとにした『関八州《かんはっしゅう》古戦録』という文献によると、道灌が江ノ島の弁財天に参籠し、舟に乗って帰路についた際、品川沖で九城《このしろ》（鮗）という魚が舟中に飛びこんだので、「道灌大に悦び吉兆なりとて、是より発起して、千代田、宝田、斎田《いわいだ》など云所従《しょじゅう》等を奉行として、江戸、川越、岩付、鉢形の如き九ケ所の城郭を執り立て、日夜人夫の功を励まし、長禄元年三月朔日《ついたち》先《ま》づ以て江戸城の経営」がなったと記している。

そのほか幾つかの伝説があるが、伝説はさておき、「城取り」の本当の理由はきわめて現実的であったと思われる。その条件としてつぎの六つを挙げることができるだろう。

1　最大の拠点である鎌倉よりあまり遠隔の地でないこと。

2　川越、鎌倉の中間地点よりあまり隔絶しない地であること。

3　上総、下総方面に通ずる重要交通路線上に位置し、かつ抑えのきく地点であること。

4　川越、岩付の防禦線である河川の下流、つまり隅田川西岸の地点であること。

5　物資、兵力の集散に、海陸ともに交通の便利な地点であること。

6　総体的な防禦力のある地点であるとともに、出撃にも便利な地点であること。

これらの諸条件をみたす場所として道灌が選んだのが、平川南岸の江戸氏の館跡のある麴町《こうじまち》台地であった。

築城当時の江戸城の規模、構造を書きのこしている史料は、今日では残っていない。しかしその後に書かれた文献によって、おおよその見当をつけることはできる。

道灌と親交のあった禅僧蕭庵竜統《しょうあんりょうとう》の『寄題江戸城静勝軒詩序』や、万里集九《ばんりしゅうく》の『静勝軒銘詩並序』によると、「塁の高さ拾余丈、懸崖峭立《しょうりつ》して周《めぐら》すに繚坦《りょうたん》を以てするもの数十里ばかり、外に巨溝浚塹《しゅんざん》ありて咸《み》な泉脈に徹《とお》り、たたうるに鱗碧《りんぺき》を以てす」とある。

つまり城の高さはおよそ二、三十メートル、けわしい崖の上に立ち、崖のまわりには土堤をめぐらし、崖下はふかい堀で湧き水が流れこみ、紺青の空の色や、生いしげる草木の色を映していたというのである。堀には巨材で橋をかけ、堅固な門をかまえ、門扉には火を防ぐため鉄板をはってあったともいう。

このような外壁に守られた江戸城中の構造はというと、「子城」「中城」「外城」の三郭に区切られ、郭の中の道は階段式に石を積み、本塁に登るようになっていた。

江戸城の地形は、江戸時代の江戸城本丸、すなわち現在の宮内庁書陵部のあたりがいちばん高く、旧二ノ丸、三ノ丸と順次標高が低くなっている。地形の点からみて、城の中心になる中城はおそらく旧本丸の地にあたるだろう。

中城には、道灌が「静勝軒」となづけた居室をはじめ、泊船亭、含雪斎などとよばれる多くの建物があった。静勝軒というのは道灌が休息するために設けた建物で、その名称は道灌が用兵のモットーとした「兵は静なるを以て勝つ」（中国の兵書『尉繚子《うつりょうし》』のなかの句）からとったものである。

また江戸城内には弓場もあり、武士たちが武芸を練っていた。この弓場では毎朝数百人の家来たちが競射をし、もし怠る者があれば罰金として銭三百文をとり、これをたくわえて試射会のときの茶菓の費用にあてたという。また一ヵ月のうち二、三回は「戈《ほこ》を操《と》り、鉦《かね》を撃《う》ちて」士卒の教練や閲兵をおこなうなど、軍令はなはだ厳しかったとも記されている。

このような要害の地に拠り、精兵をたくわえた結果、「江戸城高くして攀《よ》ずべからず、わが公（道灌）の豪気東関に甲たり」とか、「三州（武蔵、相模、上野をさす）の安危は武の一州に系《かか》り、武の安危は公の一城に系る」とかうたわれ、道灌の名は江戸城とともに関八州の国々に知られるようになった。

## 文芸さかんな城内

道灌は政治、軍略に秀でていたのみでなく、文芸方面にもすぐれた才能を発揮した。有名な山吹の里の伝説は完全な後世の創作であるが、彼と親交のあった詩僧万里集九は、「公、平日志を翰墨《かんぼく》に繫ぎ、法を軍旅に取る、和気靄然《あいぜん》として胸に識鑒《しきかん》あり、神農《しんのう》氏の薬方、軒轅《けんえん》氏の兵書、史伝小説、桑域《そういき》の二十有一代集、数千余函を貯へて渉猟す、又家集十一、其の類を分けて焉《これ》を聚《あつ》め、砕玉類題《さいぎょくるいだい》と号す、賦詠する所人口に膾炙《かいしゃ》す」（『静勝軒銘詩並序』）とまで言っている。

これによっても、道灌が医学、兵学、史学、文学などに非常に幅広い教養をもっていたことがわかる。彼の広い教養は、下野に足利学校をもうけた好学家上杉氏の重臣であったという家柄や、連歌にすぐれていた父太田道真の影響によるものであろう。

城主の道灌がすぐれた文人であったため、江戸城内ではしばしば文雅の集まりが催された。文明《ぶんめい》六（一四七四）年六月十七日、道灌四十三歳のとき、「歌合会《うたあわせかい》」を開いたという。これがよく知られている「武州江戸歌合」である。また道灌は、歌人、連歌師のほかに京都、鎌倉の禅僧ともしたしく交わった。文明八年には、京都に人を派して、城中の道灌のいこいの場「静勝軒」にかかげる詩文を京都南禅寺の村庵霊彦《そんあんれいげん》・雪樵景茝《せつしょうけいし》、建仁寺の蕭庵竜統・黙雲竜沢《もくうんりようたく》、相国寺《しょうこくじ》の補庵景三《ほあんけいさん》らに求めた。いずれも京都五山の錚々《そうそう》たる詩僧である。

道灌ともっとも深い交わりのあった万里集九は、文明十七年十月、はじめて江戸城の静勝軒にまねかれ、一詩を賦して江戸城の雄大な眺望をたたえた。京都では、応仁《おうにん》の大乱が一応おさまったのち土一揆があいついでおこり、直前の八月に山城の国一揆が勃発するなど、社会が騒然としはじめたころである。

明けて文明十八年の春、まぢかに迫った自分自身にふりかかる悲劇を知るよしもなく、道灌は隅田川に詩歌の宴を開いている。おそらくはその帰途であろう、江戸城中の宴席で「春を駐《とど》むるに春駐まらず、春帰りて人寂漠たり、風を厭《いと》ふに風定まらず、風起りて花 蕭 索《しょうさく》たり」と、『和漢朗詠集』中の白楽天の詩の一句を朗誦したという。

道灌は、当時の武将としては、とくに傑出した文学的教養の持主であった。彼をめぐる江戸城の文学サロンも程度の高いものであり、江戸城は、室町時代の関東の文芸史上における重要な舞台でもあった。

## 道灌横死

二十六歳で江戸城を築いた道灌は、その後三十年、この堅城を根拠に主家扇谷上杉定正《さだまさ》のために働いた。当時の関東は、前に述べたように足利氏と上杉氏の陣営に二分されていたが、「傍輩《ほうばい》、被官《ひかん》、狼藉人《ろうぜきにん》」などとよばれる中、下層の土着性の強い関東武士の勢力の擡頭《たいとう》によって、この対立はますます複雑化し混乱を深めていた。

文明五年、山内上杉顕定《あきさだ》の家宰である長尾景春《かげはる》が顕定にそむき、足利成氏方に走った。このため景春党の武蔵、相模の武士、たとえば石神井《しやくじい》にある練馬城の豊島氏や溝呂木《みぞろぎ》氏、小磯城の越後氏なども反上杉にまわり、これをおさえるため、道灌は相武の野に転戦しなければならなかった。

文明十年、足利成氏と上杉氏の和議が一応成立した（これは約二年ほどで破れた）が、このころからこんどは山内顕定が足利成氏に接近し、山内と扇谷の両家の対立が激化しはじめた。分裂や混乱は味方の側ばかりでなく、敵側にもおこった。道灌の当面の敵である千葉氏は、成氏党の馬加孝胤《まくわりたかたね》と上杉党の千葉自胤《よりたね》に分裂したため、道灌は自胤をたすけて下総を平定した。

こうした東奔西走ののち、文明十二年、道灌は大敵長尾景春の秩父日野城を攻略し、上杉氏の勢力を一時安定させることに成功した。「関東御静謐《ごせいひつ》」のために心をつくした道灌は、しかるにその粉骨砕心して働いた主君扇谷定正によって暗殺された。

文明十八年七月二十六日、道灌は相模国糟屋《かすや》の定正の館に招かれ、そこで五十五歳の生涯を終えたのである。太田家の伝承によると、道灌が風呂に入り、小口まで出てきたとき、定正の重臣の曾我《そが》兵庫《ひようご》が斬りつけ、道灌は倒れながら「当方（扇谷家）滅亡」と最期の一言を残したという。「この自分を斬るようでは扇谷家ももはや滅亡である」と感じたのであろう。

定正が無二の重臣である道灌を殺したのは何故であろうか。その原因については、定正自身がのちにしるした書状によって知ることができる。

定正は、道灌の死後三年目に家臣曾我豊後守《ぶんごのかみ》（江戸城代）に長い書状を送った。それによると、「太田道灌が壁塁を堅固にし、山内顕定に対して不儀を企てているというので、自分はたびたび使者をやって折檻《せっかん》を加えたから、これくらいのことがあるだろうとは、あらかじめ道灌も知っていたと思う。左伝《さでん》にも、都城百雉《ひゃくち》を過ぐるときは国の害なり（城があまり堅固すぎるのはかえって国の害になる）といっている。太田氏がとりたてた江河（江戸、川越）の両城が堅固であっても、山内顕定へ不儀を続けるようではいけないと自分が申し付けたところ、道灌は承知しないのみか謀反を思い立ったので、ただちに誅罰し、顕定の鉢形の城に注進した。自分がこうまでして顕定のためにつくしたのに、顕定はその翌々年には自分と対立して干戈《かんか》を交えるにいたった。顕定は実にけしからん」と言っている。

道灌が山内顕定にどのような不儀を企てたのか、詳しいことはわからない。しかし、とにかく扇谷、山内の対立が激化してきている情勢のなかで、定正のために江戸、川越の堅塁を築いたという理由で謀殺したのは、自身の手足を切ったようなもので、時勢の動向に対する洞察のなさを露呈した以外の何物でもない。家宰太田道灌をみずからの手で斬ってまで顕定との協調をはかった定正は、期待に反して、その後死ぬまでの八ヵ年間を、顕定との対立のうちにすごさなければならなかった。

## 移り変わる城主

道灌の予言した「当方滅亡」の姿は早くも定正をおそった。父を殺された道灌の子資康《すけやす》と、その幕下の士卒の多くは定正の陣営を去り、顕定方に走った。定正は江戸、川越の両城をおさめ、江戸城の守備には城代として曾我祐重《すけしげ》を派遣した。山内家と扇谷家の対立はますます激しくなり、長享《ちようきよう》二（一四八八）年、両軍は武蔵、相模の各地で合戦をくりかえすようになる。

一方、駿河国から虎視眈々《たんたん》と関東を狙っていた伊勢新九郎長氏《ながうじ》（のちの北条早雲）は、このような混乱に乗じて進出し、ついに明応《めいおう》四（一四九五）年二月、扇谷上杉家の一支柱であった小田原を攻めおとして、着々と関東制覇の剣をとぎはじめた。

両上杉の対立は定正の死後も続いた。しかし永正《えいしよう》二（一五〇五）年、定正の養子朝良《ともよし》が山内顕定に降伏したため、山内家の勝利のうちに、ながい間いがみあってきた両上杉氏の争いもここに和平が成立し、朝良は江戸城に隠退の生活を送り、朝良のあとを養子の朝興《ともおき》が継いだ。このような事情のなかで、いったん山内家に走った太田資康も、このころ扇谷家に帰り、江戸城の近辺に住んだらしい。

しかし、上杉氏の江戸城生活もながくは続かなかった。伊豆から相模へと進出した小田原北条氏の勢力が武蔵に伸びてきたからである。北条早雲は永正十六年、伊豆の韮山城《にらやまじよう》で死んだが、あとを継いだ氏綱《うじつな》はますます武蔵進出を強化した。

大永《だいえい》四（一五二四）年、道灌の孫にあたる太田資高《すけたか》は、北条氏綱に内通し、主家扇谷朝興にそむいた。おそらく北条氏からの誘いをうけ、祖父以来の怨恨をはらしたい気持であったのだろう。

正月十一日、氏綱の軍勢が押し寄せてくると、朝興は「居ながら敵を請《うけ》ば、武略なきに似たり」と勇ましく品川の高輪《たかなわ》辺まで打って出て、氏綱軍と対戦した。しかし勝てるはずがなく、敗走していったん江戸城にたて籠ったが、「山川も崩して海に入り、天地も打かへすかと覚ゆる計《ばか》り」の猛攻撃に耐えかねて、夜になって川越城をさして落ちのびた。

こうして江戸城はわずか一日にして北条氏綱の手に落ちた。それ以後、朝興はついに江戸城を回復することができなかった。定正、朝良、朝興と三代、三十九年にわたり扇谷上杉氏が支配した江戸城は、北条氏の支配するところとなったのである。

氏綱は家臣の富永政直に本丸を、遠山宗忠と直景に二ノ丸を守らせ、功労者の太田資高には城内香《こう》月亭《げつてい》のあたりに屋敷を与えたという。太田氏はこうして、不完全な形にせよ江戸城に帰り、江戸周辺に広大な所領を有する随一の在地豪族になった。

上杉氏時代約四十年、北条氏時代約七十年のあいだ、江戸城は二氏にとって支城であり、あるいは隠居城であるにすぎなかった。道灌が関東御静謐のための拠点とした積極的意義を上杉氏、北条氏は江戸城に対して認めなかった。そのため江戸城の結構も道灌以後とくに進まず、時おり修築が思いだしたようにおこなわれたくらいであった。

しかし、やがて豊臣秀吉の関東平定、徳川家康の江戸入府などで、江戸城は一躍時代の脚光をあびるようになる。

# 3　関東転封

## 江戸城落城

北条氏綱が上杉朝興を敗走させ、江戸城を奪取した大永四（一五二四）年から六十六年たった天正十八（一五九〇）年、江戸城は大きな転機をむかえた。徳川家康が江戸城に入城したのである。三河にそだち、東海地方を中心に勢力を扶植してきた家康が、関東に転封するにいたった経緯はどのようなものであったろうか。

そのころ小田原の北条氏は、北条早雲にはじまり氏綱、氏康、氏政、氏直と五代にわたって関東の主要部分をおさえるまでに発展していた。一方中央では、濃尾の地からおこった織田信長、豊臣秀吉が、着々と天下統一の歩をすすめ、秀吉は最後にのこされた対抗勢力として関東平定にのりだしてきた。

天正十六年、秀吉はまず北条氏直の上洛を求めたが、氏直は応じなかった。そこで北条氏討滅の意をかためた秀吉は、二年後の天正十八年、徳川家康を先鋒とし、みずから大軍を率いて、箱根をこえて北条氏の居城小田原城を包囲した。北条氏支配下の関東の諸城も、秀吉軍に包囲されて孤立し、つぎつぎに落城していった。

当時江戸城は遠山景政が城代であったが、彼は小田原の本城に籠城し、江戸城の守将は景政の弟の川村兵部大輔《ひようぶたゆう》秀重であった。この秀重を攻撃したのは、徳川家康の部下の戸田忠次《ただつぐ》である。四月二十二日、手引きをする者があって、江戸城は早くも落城し、明け渡された。

江戸城落城の報を聞いた秀吉は、「江戸城請取るのよし尤《もつとも》に候、何《いず》れの城々も、命を相助かり候様にと、急ぎ渡し申したく存ずるの由に候条、請取の城には、留守居を申し付け置き候て、まづまづ城とも手分けを仕り、早々請取るべく候」(浅野家文書)と、あいつぐ北条方の城の陥落を浅野長吉に報らせている。

この秀吉の文中にもあるように、関東の諸城の在城衆の多くは、天下の形勢をみてとって、「急いで城を明け渡したい」と思うようになっていた。したがって江戸城も、たいした衝突もなく戸田忠次に明け渡されることになったのであろう。

こうして、関東地方に勢いをふるった北条氏の小田原城も、圧倒的に優勢な豊臣秀吉軍の攻撃の前についえさり、北条氏政、氏照兄弟は自殺させられ、氏直らは高野山に追放された。

天正十八年七月十三日、小田原城に入城した秀吉は論功行賞を発表した。家康は戦功第一との理由で、伊豆、相模、武蔵、上総、下総、上野、下野の一部におよぶ広大な北条氏の旧領をそっくり与えられた。これに賄料《まかないりよう》として近江、伊勢方面でもらった約十万石を加えると、家康の所領高は合計二百四十万二千石ぐらいと推定される。そのかわり、これまで家康の領有していた駿河、遠江、三河、甲斐、信濃の五ヵ国は取り上げられた。家康の関東転封である。

小田原北条氏の旧領を家康に与えるという約束が、秀吉と家康のあいだでいつ成立したかは、はっきりわからないが、小田原城が落城する以前に決められていたことはたしかである。戦争がまだ終らないうちに早くも決定していたこの関東転封の処置は、どのような意味をもっていたのだろうか。

江戸幕府の正史である『徳川実紀』は、転封の処置をさして「秀吉が家康に広大な北条の旧領を与えたのはたいそう気前よくみえるが、内心は徳川家に心服している駿河、遠江、三河、甲斐、信濃の五国を奪い、ながいあいだ北条氏の治下にあった関東に移せば、かならず新領主に対する一揆が起きるだろうから、それを機会に徳川を料理しようと秀吉はたくらんだのだ」と評している。

転封の本質が、領主を土地から引き抜き、領土に根を張らない「鉢植の木」に仕立てることであり、もっとも重要な大名統制策であった点からみれば、考えられることである。

しかし家康は、関東転封に期するところがあったようである。発表に先だって奥州転封の噂が流れたとき、重臣の本多、榊原、井伊らが不服を唱えると、家康は「百万石の増封があるならば奥州でもよいではないか。人数を多く召しかかえ、三万を国に残し、五万をひきいて上方に攻め上れば、天下に恐れるものはない」と言ったという。

家康はすでに関東転封を知っていたであろうから、この新天地に新しい将来性をみとめ、同時に土着性の強い譜代の三河武士を、近世的な家臣につくりあげていく絶好の機会として、関東転封を利用しようと考えていたのかもしれない。

## 家康の先見の明

関東に移るとして、居城をどこに定めるかが家康にとってまず問題であった。当時の江戸城は、北条の家臣遠山氏の貧弱な小城であるにすぎなかった。京都にもまさる繁栄をみせていた北条氏の城下町小田原や、武家政治と関係深く、伝統のある鎌倉が当然第一候補と思われたであろう。しかし予想を裏切って、武蔵国江戸が新しい根拠地と決定した。

江戸城を居城と定めたことについては、家康と重臣たちの密議できまったという伝えもあるが、多くの文献によると、秀吉が家康にすすめたと記している。『落穂集《おちぼしゅう》』の話もその一つである。石垣山の城普請ができたとき（秀吉が石垣山に移ったのは六月二十六日）、家康が秀吉の陣中見舞に行ったところ、秀吉が、このさきに小田原城中を見下ろせるよい場所があるからと家康を誘った。ところが、家康に同道した織田信雄《のぶかつ》が家康のそばを少しも離れない。秀吉はその見通しのよい所に立つと、「小袖の裳をかきまくり給ひ」ながら、「むかしより破家《やぶれや》のつれ小便と申候、大納言殿（家康）是《これ》へ」と家康に誘いかけた。

信雄が後の方であちこち徘徊しているうちに、秀吉は並んだ家康に耳うちし、「小田原城を、城中家作と一緒に今のまま明け渡すとしたら、それを居城に使うつもりか」とたずねた。家康は、「将来はとにかく、まず当分はここに在城するよりほかあるまいと思う」と答えると、秀吉は、「それは見当違いだ。小田原は信頼できる部下に預け、ここから二十里ばかり先の江戸が将来性ある土地だから、そこを居城の地とするがよい」とすすめたという。

江戸をあらたに関東経営の根拠地と定めたことが、秀吉、家康いずれの発意であったにせよ、小田原や鎌倉にとらわれずに決定したことは、結果的には時勢に合致した賢明な処置であった。

中世の城は、敵軍の攻撃に対して堅固に守ることを第一に重要視したので、そのため容易に敵軍を寄せつけない地に城を築くことが必要であった。険しい山上に構築する山城《やまじろ》がそれであるが、関東平野のように山がないところでは、比較的高い丘陵の上に築く平山城《ひらやまじろ》になる。太田道灌の築いた江戸城もこれであった。

しかし、戦国時代末期から安土桃山時代にかけて、城の持つ役割は大きく変化した。軍事的な目的もさることながら、一国ないしは数ヵ国におよぶ広大な大名領国の経営の中心として、政治上、経済上のおさえとなる地を選定し、城に接して城下町を建設する必要にせまられた。

これらのことを考えあわせると、第一に、小田原や鎌倉は直接太平洋に面して、港をつくることが困難である。これに対して江戸は、波静かな江戸湾に位置し、海上交通の便をえている。そのうえ、のちの東海道、甲州街道、奥州街道などになった街道をはじめ、関東の内陸各地に通じる交通路も江戸の近傍に集中していた。

当時の江戸は、「東ノ方平地ノ分ハ、爰《ここ》モカシコモ汐入《しおいり》ノ茅原《かやはら》ニテ、町屋侍屋敷ヲ十町ト割リ付ヘキ様モナク、偖又《さてまた》西南ノ方ハ平々ト萱原《かやはら》武蔵野ヘツヅキ、ドコヲシマリト云ヘキ様モナシ」（『岩淵夜話別集』）というような未開拓の土地であった。

しかし当時の水利土木技術の進歩は、かつて無人の荒野として放棄するほかなかった原野を、開拓する可能性を生じさせていた。

これら数々の意味で、江戸は発展の可能性に富む土地だったといえる。したがって江戸を居城の地と定め、東国経営の根拠と定めたことにも、家康の新しい時代に対する見通しのよさを感じることができる。

## 雨漏りする城館

天正十八（一五九〇）年八月一日、いよいよ家康は江戸城に入城した。これを後世、江戸御打入り、あるいは関東御入国とよんだ。天正十年の甲州打入りの吉例にならって、甲斐奉行の成瀬正一《まさかず》、日下《くさか》部定好《べさだよし》が先導を勤めた。

陰暦の八月一日（朔日）は、いわゆる八朔《はっさく》の吉日である。八朔を祝う風習は、古く中国から伝来したといい、平安時代以来、宮廷でも取り入れられ、武家社会でも、室町幕府は八朔の祝儀をおこなっていた。こうした伝統的祝日である八朔をえらんで家康は江戸城に入城した。

四世紀半のながいあいだ、江戸氏、太田氏、上杉氏、北条氏と引き継がれてきた江戸城は、家康入城を契機として、まったく同じ場所に位置しながらも、中世豪族の城館から近世大名の城へと転換をとげるのである。

さて入城はしてみたものの、「其頃は江戸は遠山居城にて、いかにも麁想《そそう》(相)、町屋なども茅ぶきの家百ばかりも有《ある》かなしの体《てい》、城もかたちばかりにて、城の様にもこれなく」(『慶長見聞集《けんもんしゅう》』)という実に荒れ果てた惨憺《さんたん》たる光景であった。城の外廻りは、石垣で築いたところなど一ヵ所もなく、みな芝土居《しばどい》で竹木が繁茂し、城内にはあちこちに遠山氏時代の侍の家がのこり、さしあたっての家臣たちの宿泊には役立ったが、その建築たるや、屋根も取葺《とりぶ》き、しかも籠城中、石火矢《いしびや》による火災を防ぐために屋根に土をのせていたため、屋根が腐って雨漏りし、畳や敷物も腐っていた。玄関も板敷でなく土間で、上り段には幅のひろい舟板を二段にならべてあった。

あまりのみすぼらしさに、家臣の本多正信が「他国の使者などもやってくることだから、せめて玄関廻りだけでも普請されては」と家康に進言したが、家康は「無駄な立派だてをいう」と笑いながして、家作にかまわなかったという。

実際、体裁をつくろう家作普請より、転封にともなう新領土の整備を急がねばならなかった。家臣たちの配置を決定する知行《ちぎょう》割《わ》りは、外に対しては防備の固めとなり、内に対しては家臣たちの統制の基となるので、入城後ただちに着手された。

検地も天正十八年伊豆に実施したのを手はじめに、翌年から武蔵、相模などにひろげていった。北条氏治下であった関東農村はまだ兵農分離が進んでいないので、太閤検地の原則を採用した。この検地は、関東農村に近世的な農村秩序をうち立てるうえで大きな役割を果たした。

こうした知行割り、検地などと並行して、江戸城の修築や城下町建設が徐々に進められた。まず一番最初に取りかかった城郭の工事からみていこう。

入城当時の城中には、本丸と二ノ丸のあいだに幅十間あまりもある大きな空堀《からぼり》があったが、家康はまずこれを埋めさせた。これは道灌以来の江戸城内部の区劃を取りはらい、本丸の規模を拡大する作業であった。

本丸工事とともに西丸建設の準備もすすめられた。しかし、天正十八年、十九年という年は、秀吉の奥州征伐の余波がまだゆらいでおり、一揆や反乱が続発していたため、家康もいつ出陣を命ぜられるかわからない状態であったので、城も本格的工事にまではいたらず、一応の準備と応急修理にとどまったものと思われる。

文禄《ぶんろく》元（一五九二）年に入ると、天下の状勢も一応安定してきたので、家康も本腰をいれて江戸城の修築に取りかかった。まず取りかかったのは西丸建設である。当時西丸の場所は江戸城の郭外で、田畑もあり、春には桃、桜、つつじなどが咲き、江戸中の貴賤男女の行楽地であったが、これを江戸城の一郭に取り込んだ。工事は、その年の三月からかかり、譜代大名を召集して工事区域を分担させ、普請は八月ごろまでに大方完成をみたようである。この新しい西丸は、当時「御隠居御城」とか「新城」とよばれた。

西丸の建築工事の詳しいことは残念ながらわかっていない。しかし強引な工事ぶりを伝える話はある。普請の指図にあたった本多正信が、雨の日も風の日も毎朝七ツ時《どき》（午前四時ころ）には工事場所に出てくるので、工事を受け持った大名も提灯をつけて暗いうちから丁場《ちょうば》に出た。大名がそうであるから、その家臣はさらに早く、夜のうちに工事場に出て働き、朝食は昼ごろになり、夕食は暗くなってから小屋ですませた。また大雨の日には、掘り上げた土が崩れないように夜中でも杭をうって土留めし、堀にたまる雨水も夜中に釣瓶《つるべ》でかい出した。侍たちも中間《ちゅうげん》同様にもっこをかつぎ、鍬をとって働くという激しい労働になったという。

強行工事には、譜代大名も家臣も過重な負担に苦しんだ。武蔵国騎西の領主松平康重は、内実は一万五千五百石しかない所領に二万石分の普請役を割り当てられた。そこで、これでは財政がもたないし、侍も身上《しんしょう》なりがたいと申し出た。すると江戸からは、田畑一反につき六十歩ずつ帳簿を水増しして辻《つじ》つまをあわせろと命じてきた。現実にない田畑をふやせとは無理だと言うと、伊奈忠次《ただつぐ》、大久保長安《ながやす》、彦坂元正ら三人の役人がきて検地をおこない、ついに二万石の高を打ち出してしまったという。

入国早々のことで、ずいぶん無理な普請役を課してまで工事を強行したのであろう。しかしこのような江戸城の修築も、文禄元年から秀吉の朝鮮出兵がはじまっており、文禄三年には伏見城の工事分担が徳川氏に課せられたため、江戸城の拡張は一応中止になった。

## 漁村と港町の城下

中世の城と近世の城との違いは、城郭それ自体の規模、構造もさることながら、城下町を伴っているか否かという点で決定的な差をもっている。

兵農未分離であった中世では、城主の居館の周辺にわずかな根小屋《ねごや》集落ができる程度で、城下町の発生する余地はなかった。しかし、武士と商人、職人が農村からきりはなされ、強制的に城下町に住まわされ、城下町が領国経済の中心になると、城と城下町はきりはなすことのできないものになる。江戸城と江戸の町もこの例外ではなかった。

では、家康入城前の江戸城下の様子はいったいどうであったろうか。

次ページに掲げる地図を見てみると、実線で示してある当時の海岸線は、現在の田町、日比谷、霞が関、新橋のあたりをとおっている。現在の日本橋、京橋から有楽町にかけての一帯は、江戸前島、江戸外島などと呼ばれる海面すれすれの低い陸地で、この江戸の外島と江戸城のある丘陵に囲まれ、日比谷から大手方面にかけて大きな入江が袋状に入りこんでいた。つまり、今日の東京の下町の大部分は遠浅の海か、あるいは海でないまでも海岸の低湿地帯で、ところどころ小高い場所に小さな集落がある程度で、ほとんど人の住むような土地ではなかった。

江戸城の本丸がある台地の下は、平川が流れている低い谷になって、神田、水道橋、小石川、その先は高田馬場方面にいたり、平川の流れは現在の後楽園あたりに流れこみ、大きな沼地をつくり、そ

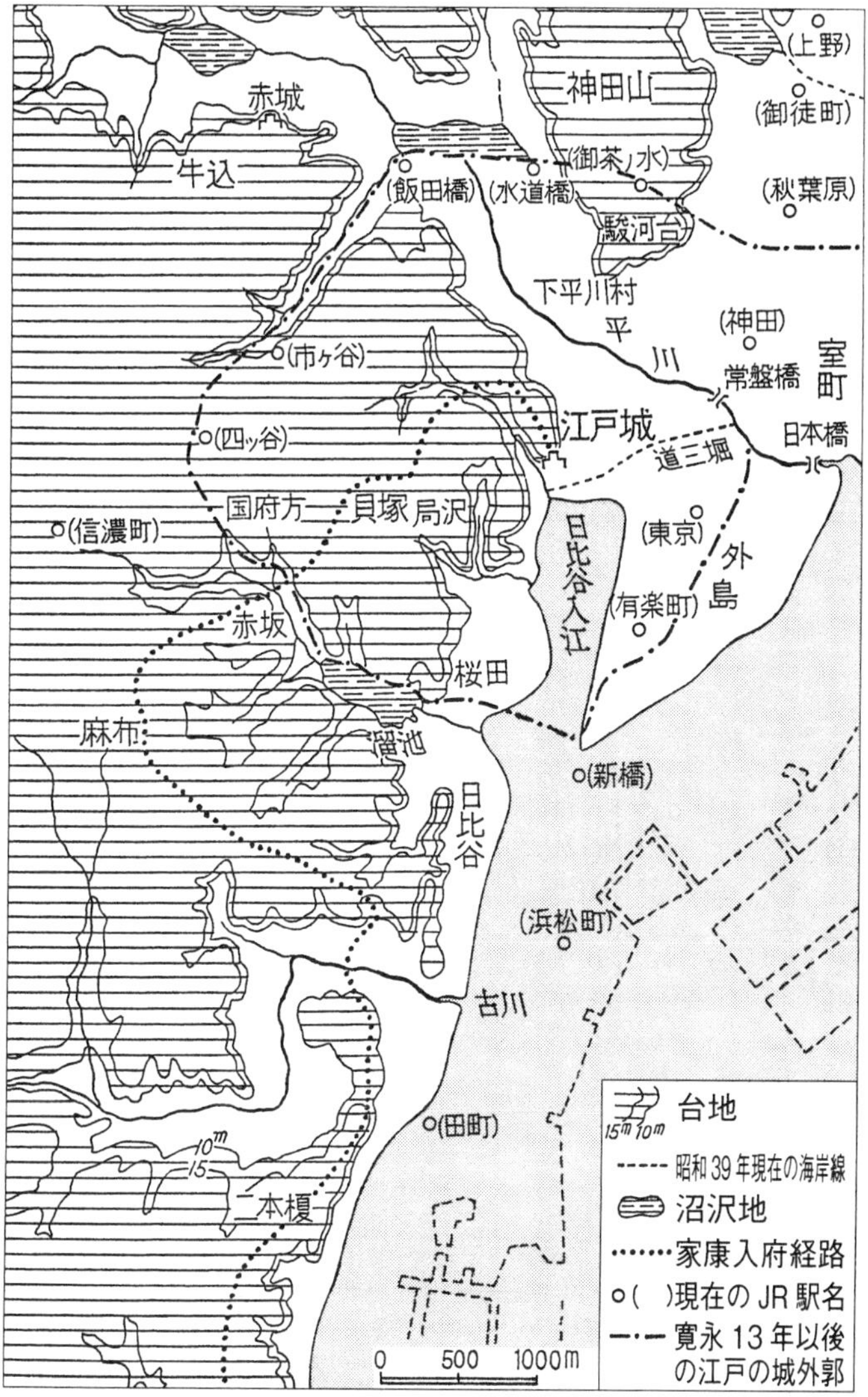


徳川家康入国前後の江戸近辺推定図

こから現在の神田橋、常盤橋《ときわばし》、日本橋をむすぶ外堀川の流路をへて海に流れこんでいた。

本丸台地の下には百戸ほどの根小屋集落があり、平川の両岸にそって上平川、下平川、芝崎とよばれる村落が散在していた。また日比谷には漁家があって、人々が魚を売買していたという。現在の皇居前広場あたりの平地にも千代田、宝田などのわずかな集落があったという。

このような情景をもとにして考えてみると、そこには小さな豪族館をとりまく田舎びた風景が浮かびあがる。もっとも、このような田舎風景のなかでも平川村、とくに平川の河口にある高橋（のちの常盤橋にあてられている）のあたりには舟の出入りもあり、遠くの地方からも珍しい商品があつまって大層な賑わいであった。いわば江戸の港町で、太田道灌時代から交通、交易の中心地であった。

## 江戸の町づくり

中世において平川河口にわずかの根小屋集落しかなかった江戸の地を、新たな根拠と定めたときから、家康の脳裏には大規模な自然改造による都市建設の設計図が描かれていたであろう。八月一日の入城直後から、ただちに家臣の知行割り、屋敷割りに着手した。

知行は小身の旗本にはなるべく江戸城の近辺を割り渡し、知行高の多い者ほど遠いところに割りあてた。また江戸城の西方、山の手の台地を武家屋敷地帯として開発し、麹町の番町ができた。ここは半蔵門から四谷見附を通じて府中方面にむかう旧国府路で、交通上の要地であり、江戸城の背面で防備のよわい方面であったため、江戸城防備の軍事的見地からも、徳川氏直属の旗本の集団を配置したのである。

城下町のもう一つの機能である商人町、職人町は、低湿地帯を埋め立てて建設することにした。おもな理由は、経済活動を主とする彼らの居住地は、起伏の多い丘陵地帯では不便が多く、舟運の便をえやすい低地が望ましかったからである。

天正十八年の八月、関東に入部したその月に、家康は荒廃した江戸城を修築するよりも先に、平川の河口から江戸城に通ずる道三堀《どうさんぼり》と呼ばれる舟入堀の開掘に着手した。これは現在の呉服橋から大手町にいたる道路の北側ぞいの場所で、これによって舟積みした軍需物資を直接江戸城まで運び入れることができるようになり、堀の最終のところ、現在の和田倉門のあたりに陸揚げした荷物をおさめる蔵をもうけた。

そしてこの堀ぞいに、江戸城下町の最初の町人町ができていった。建設資材の中心となる木材をとりあつかう材木町、舟問屋のあつまる舟町、四の日に市のたつ四日市町、続いて遊女屋が軒をならべた柳町である。掘割り工事で出た土は低地に盛り土され、そこにつぎつぎに町割りがほどこされて市街地が造成された。西丸築城工事のときの堀の揚げ土で、日比谷入江が埋められてしまったという。

こうしたあいつぐ大がかりな土木工事によって、江戸城下の低地は、川と掘割りに囲まれた市街地に変わっていった。

しかし山の手の台地をのぞくと、江戸の中心的繁華街である下町は埋立地が多いため、井戸を掘っ

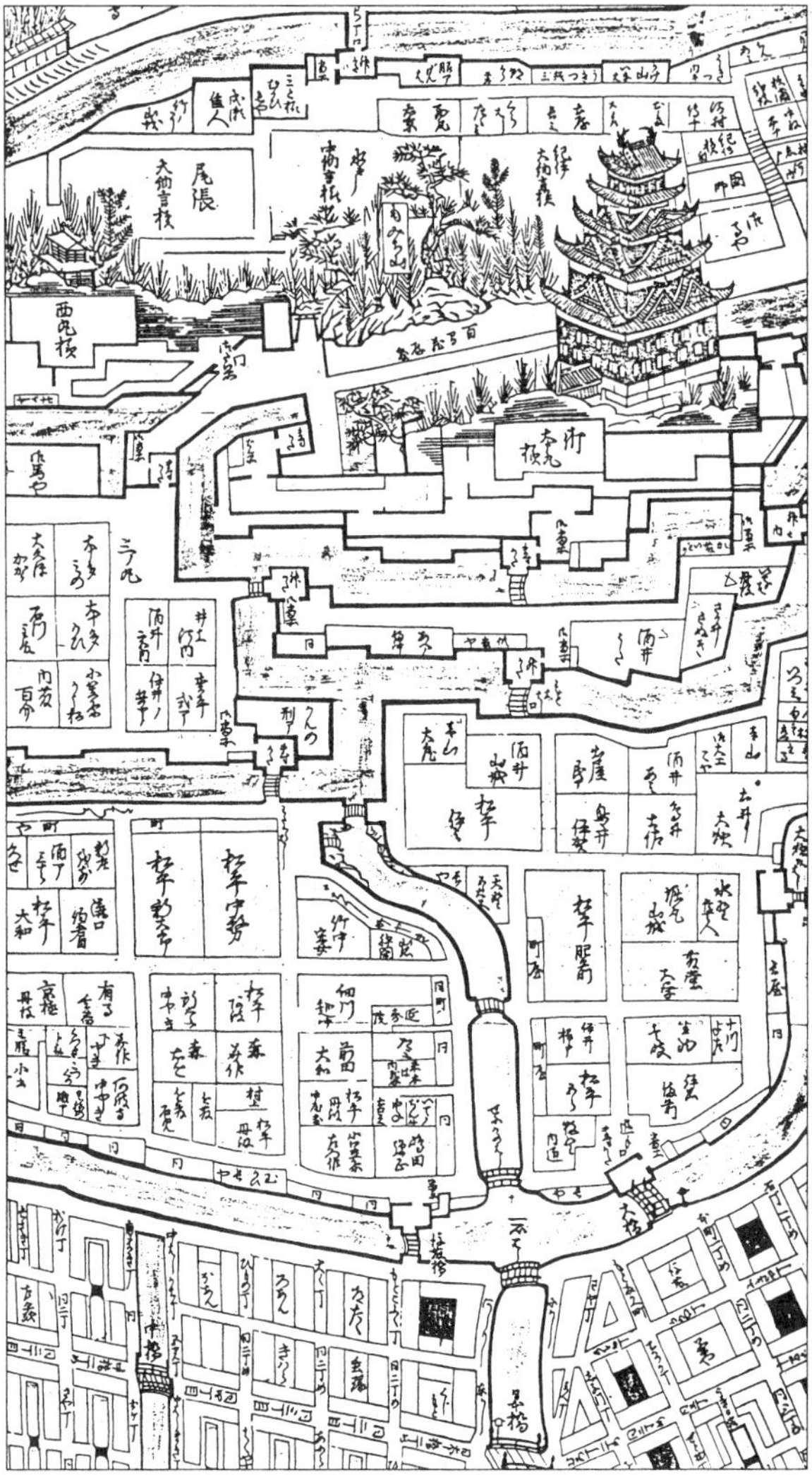

**道三堀付近**　『寛永江戸図』部分　図の中央下半部，江戸城から日本橋につながる水路が道三堀

ても良水がえられない。それでは日常生活にさしつかえるので、家康は入国と同時に家臣の大久保藤五郎に命じて上水道の設置をさせた。神田上水のおこりである。藤五郎はこの功績によって「主水《もんと》」

という名を与えられた。家康は、水は濁るのをきらうから、主水の読みを澄んで「モント」と読めと言ったので、普通は「モンド」と読むのを、大久保家にかぎり清音で読むようになったという。

土地を造成したあとには、町屋敷をつくり、町人を住みつかせ、商工業をおこさなければならない。町を支配し統制するために、行政組織をととのえることも必要であった。

商工業を盛んにするために、商人や職人の移住を歓迎し、諸国から集まってきた町人たちに、願いのままに土地を割りあたえた。彼らは掘割り工事によって山のように積み上げてある揚げ土を勝手次第に引きとり、それで地形《じぎょう》を築《つ》きたて屋敷取りした。それでもはじめのうちは希望者が少なかったという。

土地を割りあたえられた有力な町人たちは、そこに自分の家屋敷をかまえるとともに、付近の町々を開発し、住民をふやして町々を支配する名主となった。当初の開発にあずかった名主は草分《くさわけ》名主と呼ばれ、名主のなかでも重い家格とされた。

このような名主を行政の末端組織として、そのうえに名主を統轄して江戸総町を支配する町人の町年寄をおき、町年寄のうえには町奉行をおいて市政全般を握ることにした。こうした市政の組織が定められ施行されたのも、入国後まもないころである。

江戸に住民を集めるにあたっては、江戸や江戸近在の土着の人で町屋住まいを希望する者を優遇した。しかし商工業を発展させるためには、なんといっても有利な条件をあたえて、先進地の町人を招かなければならないので、このため、駿河、遠江、三河、甲斐など家康の旧領の国々から縁故があって移住した者はとくに優遇され、そのうえ屋敷地を拝領して町役人や御用商人、御用職人となった。

町年寄に任命された樽屋《たるや》藤左衛門、奈良屋市右衛門、喜多村弥兵衛の三家をはじめ、鉄砲御用達《ごようたし》の秖《あかがり》惣八郎、桶大工頭の細井藤十郎、同じく野々山弥兵衛、土器《かわらけ》大工御用達の松井弥右衛門、酒屋御用達の伊勢屋作兵衛などは、いずれも家康の旧領出身の人々である。

江戸の住民はしだいにふえていったが、当初は家も小屋がけ同様のバラックで、屋根も瓦葺きはなく、道は埋立地のため泥深く、乾けば土ほこりで目もあけられず、雨がふればぬかるみで歩くこともできなかった。

住民は諸国からの寄合であり、新開拓地のこととて気質もあらかったので、喧嘩《けんか》や賭博《とばく》がたえず、盗賊も横行した。家康も治安維持には困りはて、一計を案じて、そのころ関東に名を知られたスリの大将の鳶沢《とびさわ》という者をとらえさせ、一命を助けるかわりに江戸に入りこむ盗賊の吟味をさせた。その代償として、鳶沢の手下の者に江戸中の古着買の権利を与えたという。

こうしたさまざまの施策によって、江戸の町は、城、武家町、商人町、職人町と、城下町に必須な町々がととのえられていき、徳川氏二百万石の城下町となった。

# 4　天下普請

## 人海戦術の海岸埋め立て

天正十八年の家康の入国以後、数年のあいだに文禄、慶長《けいちょう》と年号がかわり、その間に朝鮮出兵などの大事がおきたが、さいわい家康は直接出兵する負担をまぬがれ、財力を浪費することもなく着実に領国経営をすすめていった。しかも、「天下取り」になる野望を胸底深く秘めながらも、秀吉政権下の一大名の地位に甘んじて、五大老の筆頭として秀吉の信頼を得るようにつとめ、しだいに秀吉につぐ中央政界の実力者になった。

慶長三（一五九八）年に秀吉が死ぬと、家康の政界での重みは急速にまし、ついで慶長五年の関ヶ原合戦の結果、天下の政権は豊臣氏から完全に家康の手にうつった。こうなると江戸城と江戸が占める地位は、今までの一大名徳川氏の居城とその城下町という地位から躍進して、全国的な意味をもつようになってきた。

このことは、慶長八年、家康が征夷大将軍に任命され、信長、秀吉も開かなかった幕府を江戸に開くことによって決定的なものになった。江戸は日本全国の政治的中心となったのである。

| | |
|---|---|
| 福島正則組 | 4家 |
| 結城秀康組 | 3家 |
| 松平忠吉組 | 4家 |
| 前田利長組 | 4家 |
| 本多忠勝組 | 4家 |
| 蒲生秀行組 | 1家 |
| 伊達政宗組 | 1家 |
| 生駒一正組 | 18家 |
| 細川忠興組 | 10家 |
| 黒田長政組 | 3家 |
| 加藤清正組 | 3家 |
| 上杉景勝組 | 3家 |
| 浅野幸長組 | 12家 |

**普請13組の組み合わせ**

江戸のもつ政治的比重が重くなるにしたがって、江戸城もそれにふさわしい威容をととのえることが必要になった。もはや遠慮しなければならない秀吉は世になく、家康は「天下取り」であった。文禄の西丸築城当時のように、譜代大名だけに課役をしいる必要もなく、譜代、外様をとわず、天下の大名の総力をあげて工事に協力させることが可能であった。

慶長八年二月、征夷大将軍の宣下《せんげ》をうけたその直後、家康はこの機会を待っていたように、三月三日から諸国の大名に命じて大規模な海岸埋め立て工事をはじめた。神田台（駿河台、御茶ノ水の丘陵）を掘り崩し、その土で外島（豊島）の洲崎を埋め立て、市街を拡張しようとしたのである。この普請を課せられた大名は、福島正則《まさのり》、加藤清正など七十家、これが十三組に編成されて工事を受け持った。その顔ぶれは右の表のとおりである。

各組の大名の組み合わせの内容はほとんどわかっていないが、そのなかの浅野幸長《よしなが》の組十二家だけはわかる（左の表参照）。この組は主として中国、四国地方の諸大名の組み合わせで、全石高総計は約二百二十万石にのぼった。

これらの大名は、千石夫《せんごくふ》といって、所領石高千石につき一人の割合で人夫を出させられたが、時あたかも豊臣氏勢力の凋落《ちょうらく》と徳川氏の勢威の急上昇の時期でもあり、各大名はいずれも競って規定の割合よりも多くの人夫を出し、幕府の意を迎えようとした。

家によっては千石につき一人でよいところを十人出したという記録もある。とすると、千石夫の規準通りでも浅野組だけで人夫約二千二百人、かりに十三組が平均してこの浅野組くらい出したとすると、総人数約二万八千六百人、それに相当の割増しがついたとすると約三、四万人の人夫が工事に従事したことになる。天下の将軍たるにふさわしい大動員であった。

この一大人海工法によって、広大な外島洲崎が陸地化し、今の日本橋浜町辺から南の新橋付近にいたるまでの下町が造成された。江戸の町名に尾張町、加賀町、出雲町などがあったのは、この工事分担の名残りである。

| 名前 | 城地 | 石高 万石 |
| --- | --- | --- |
| 浅野幸長 | 紀伊・和歌山 | 39.5 |
| 有馬豊氏 | 丹波・福知山 | 6 |
| 前田茂勝 | 丹波・亀山 | 5 |
| 山崎家盛 | 因幡・若桜 | 3.5 |
| 池田長吉 | 因幡・鳥取 | 6.5 |
| 中村一忠 | 伯耆・米子 | 17.5 |
| 堀尾忠晴 | 出雲・松江 | 24 |
| 池田輝政 | 播磨・姫路 | 52 |
| 蜂須賀至鎮 | 阿波・徳島 | 18.7 |
| 加藤嘉明 | 伊予・松山 | 20 |
| 山内一豊 | 土佐・浦戸 | 20.2 |
| 中川秀成 | 豊後・竹田 | 7 |
| 計 | | 219.9 |

浅野幸長組12家の内訳

埋め立てにあたっては、掘割りの水路は計画的に埋め残し、江戸湾から入る舟の舟着場をつくり、道三堀と平川が延長された堀川（日本橋川）にはじめて「日本橋」がかけられた。そして新市街が開かれると、これまで山の手の方を通っていた東海道を、この市街地の中央を通るようにつけかえた。実に周到な都市計画である。

しかもこのような市街地の拡張は、たんに城下町をひろげるだけの目的ではなく、きたるべき江戸城の大拡張工事の前ぶれであった。

## 藤堂高虎の縄張り

外島洲崎の埋め立ての翌年、慶長九年六月一日、幕府は江戸城普請の計画を発表し、ついで八月、工事用の石船《いしぶね》の調達を諸大名に命じた。

築城には、まず何よりも石材が必要だが、もちろん江戸の近辺では石材を産するところはない。関東西北部の山よりに行けば石はとれるが、巨大な石は、陸送するよりは船で海上輸送する方がはるかに便利で経済的である。そこで着目されたのが伊豆であり、準備の第一号として石船の建造が命ぜられたのである。

調達を命ぜられた大名には合計一万一千九百二十五両の補助金を与えた。このとき課役を命じられたのは池田輝政、加藤清正、福島正則、黒田長政ら西国筋の外様有力大名を主とする二十八家と、堺の豪商尼崎又次郎《あまがさきまたじろう》らである。調達の基準は所領石高十万石につき百人持の石千百二十玉であった。

慶長十年、家康は征夷大将軍の職を子の秀忠に譲り、大御所《おおごしょ》となった。しかし、江戸城普請の準備は休むことなく進められ、浅野幸長が三百八十五艘の石船をさし出したのをはじめ、つぎつぎと各大名から建造船が江戸に廻送されはじめた。

こえて慶長十一年の正月から二月にかけて、助役の諸大名たち自身も、つぎつぎに江戸に下ってきた。加藤嘉明《よしあき》、山内忠義、加藤清正、池田輝政、福島正則、森忠政、黒田長政、有馬豊氏《とようじ》、京極高知《たかとも》、細川忠興《ただおき》、池田忠継《ただつぐ》、浅野幸長、鍋島勝茂、寺沢広高ら西国の諸大名で、これらの大名たちは、江戸で指揮をとりながら、主な採石場である伊豆に奉行と人足を派遣して石材を切り出させた。

このため三千艘もの石船が伊豆にあつまり、一般の船に百人持の石を二個ずつ積んで月に二度江戸と伊豆のあいだを往復したというから、江戸に運ばれた石は莫大な量にのぼったわけである。

こうした準備ののち、工事は三月一日から開始された。幕府は普請奉行として内藤忠清、貴志正久、神田正俊、都筑為政、石川重次らを任命した。このときの江戸城の縄張りをしたのは、当時伊予国今治《いまばり》で二十万石を領していた藤堂高虎《とうどうたかとら》である。

築城の設計、つまり地形《じぎょう》を観察して城取りの場所を決定し、石垣や天守閣、櫓、多聞《たもん》などの構築物の配置をきめることを縄張りというが、藤堂高虎は、すでに和歌山城、伏見城など多くの築城を手がけ、縄張りの名手として世に聞こえていた。彼はまた豊臣秀吉の死後、家康の側近としてきわめて信用が厚く、そのため幕府の根拠地である江戸城の縄張りをまかせられたのである。それについてつぎのような話がある。

家康が高虎に江戸城の縄張りを命じたところ、高虎は「江戸城は天下の大都城だから、方角その他をよくわきまえた軍法者に命じてほしい」と再三固辞した。しかし家康は、「城の縄張りはその方の

| | |
|---|---|
| 藤堂高虎 | 二・三ノ丸縄張り<br>大手門・外郭石垣 |
| 細川忠興 | 本丸・外郭石垣 |
| 前田利光 | 外郭石垣 |
| 池田輝政 | 外郭石垣 |
| 加藤清正 | 本丸石垣・外郭石垣<br>西丸大手内・曲輪石垣・<br>富士見櫓石垣 |
| 福島正則 | 外郭石垣 |
| 浅野幸長 | 外郭石垣 |
| 黒田長政 | 天守台石垣・外郭石垣 |
| 山内忠義 | 本丸石垣・外郭石垣 |
| 毛利秀就 | 本丸・外郭石垣 |
| 吉川広家 | 本丸 |
| 木下延俊 | 虎ノ門石垣 |

慶長11年工事の分担場所

ように老功の者がするべきことだから、辞退はかなわぬ。あらましの絵図ができたら自分も見たうえで、二人で相談してきめよう」と言って辞退を許さなかった。

そこで高虎が地形以下の絵図面を作って家康に見せたところ、家康は、ここはこう、あそこはこうとみずから朱や墨を入れて訂正した。こうして原案が出来上がったところで「将軍秀忠に見せてくれ」と家康が言うので秀忠に持参したところ、秀忠もそれ以上手を入れるところもなく設計が決定したという。

もっともこのとき、高虎は江戸城全体の縄張りをしたのではなく、二ノ丸、三ノ丸の縄張りをしただけだったともいう。家康が高虎に「本丸が手狭のようだから広げようと思う」と言うと、高虎が、「本丸というものは狭い方が都合がよいので、広いところに小人数が籠っても利するところ少ない」と諫めたので、家康はこの言葉にしたがい、本丸はもとのままの広さにし、二ノ丸、三ノ丸のみの拡張工事にとどめたともいう。

こうして江戸城の基本設計は、家康と高虎の共同制作によって出来上がった。築城工事は、天守台、本丸、外郭石垣、櫓、門などに区分して、それぞれ丁場《ちようば》を各大名に割り当てて施工した。判明している三十二家の助役大名のうちの、主な大名が分担した工事場所をあげると前ページの表のようになる。

工事がはじまると、各大名は裁著袴《たつつけばかま》を着用し、みずから工事場におもむいて陣頭指揮をとった。将軍秀忠も朝夕に普請場を見てまわったという。

九州、小倉《こくら》の細川家では、忠興の世子《せいし》、忠利が普請場にでて指揮していたが、秀忠が巡視にきたとき、「いま築いている石垣は、朝、根石《ねいし》を置いたばかりだのに、もう人が双手を差し上げたよりも三間も高く築き上がっている。これはわが細川家の家風で、侍どもまでがてこをとって築造に働いているからだ」と自慢した。忠利の後には、目通りを許されるほどの身分の家臣たちさえも、めいめいてこを持ったまま平伏していたという。

各大名は資金、資材、人員を惜しげもなく工事に投入してその完成を急ぎ、きそって幕府の意を迎えようとした。

## 外国人の見た江戸城

諸大名の奮励努力によって、三月から取りかかった石垣築造工事は、早くも五月から六月ころにかけて順次完成し、大名たちにはそれぞれ家康、秀忠から賞詞と賜わり物があった。九月になると、藤堂高虎は縄張りの功労によって二万石を加増された。

慶長十一年の普請では、だいたい本丸の建造物と二ノ丸、三ノ丸、および江戸城の北側の雉子橋《きじばし》から、西南の溜池落口にいたる外郭の石垣が構築されたものとみられる。九月二十三日、将軍秀忠は新装なった本丸に移った。

明けて慶長十二年の春から、幕府はふたたび工事をはじめた。このたびの助役は、前年の西国大名にかわって関東、奥羽、信越方面の諸大名が動員された。その工事の割当ては、関東の諸大名の助役高百万石を二十万石ずつの五組に編成し、その四組分、八十万石分で石材をあつめ、残りの二十万石分で天守閣の石垣を築かせた。

そのほか伊達政宗、上杉景勝、蒲生《がもう》秀行、最上義光《もがみよしあき》、佐竹義宣《よしのぶ》、堀忠俊、溝口秀勝、村上義明《よしあきら》らの諸大名は堀の普請を勤めた。

石材の採取は、今度は伊豆ではなく、上州中瀬あたり（埼玉県大里郡）にもとめた。採取量は石高一万石について栗石二十坪（一坪は一間四方の箱詰の石材一箱）の割合で、この石を舟に積み、利根川を利用して月に二度江戸に運ぶのである。舟は幕府から一万石につき五艘のわりで貸与された。

この工事の目標は天守閣の完成であり、今度も本丸のときと同様に藤堂高虎が縄張りを命ぜられた。前年の工事では、土台の石垣を普通の石垣六間の上に切石を二間積み上げてあったが、今度はそれを変更して切石の部分をとりのぞき、さらに二間を築きたし、広さ約二十間四方、高さ十間の石垣にし、この上に五層の大天守閣をたてた。

堀の普請は、これまでの土堤の高さ六間を二間高く積み上げて八間とし、雉子橋北方から溜池際にいたる東南部の外堀をさらに改修し、堅固にした。同時に大手門や、鍮鍚門《ちゆうじやくもん》（中雀門とも書く、本丸御殿の玄関前にある冠木門《かぶきもん》）もこのときに作られたものと思われる。

城の東側の城下にあった千代田、宝田、祝田などの集落も、この地域（現在の皇居前広場のあたり一帯）が城内に取り込まれたため、城下町の日本橋方面に移転させられ、大伝馬町、小伝馬町、南伝馬町になった。

こうして、慶長十一、十二年の拡張工事によって、江戸城は天下統一の中心たるにふさわしい大城郭になってきた。

天守閣築造なったその翌々年、慶長十四（一六〇九）年、たまたまドン・ロドリゴ・デ・ビベーロというイスパニア人が江戸城をおとずれ、その観察を『日本見聞録』に残している。その江戸城に関する部分を紹介しよう。


第一の主要な塀（石垣をさす）は、四角形のたいへん大きな切石を、石灰またはほかの混ぜ物をもちいずに積み上げてあり、その幅は広く、所々に鉄砲を発射する穴がある。ただし砲の数は多くはない。塀の下にまた堀があり、河水がこれに流れこんで、そこには釣橋（桔橋《はねばし》をさす）がかかっている。その構造はこれまで自分が見たもののなかで、もっとも巧妙にできている。

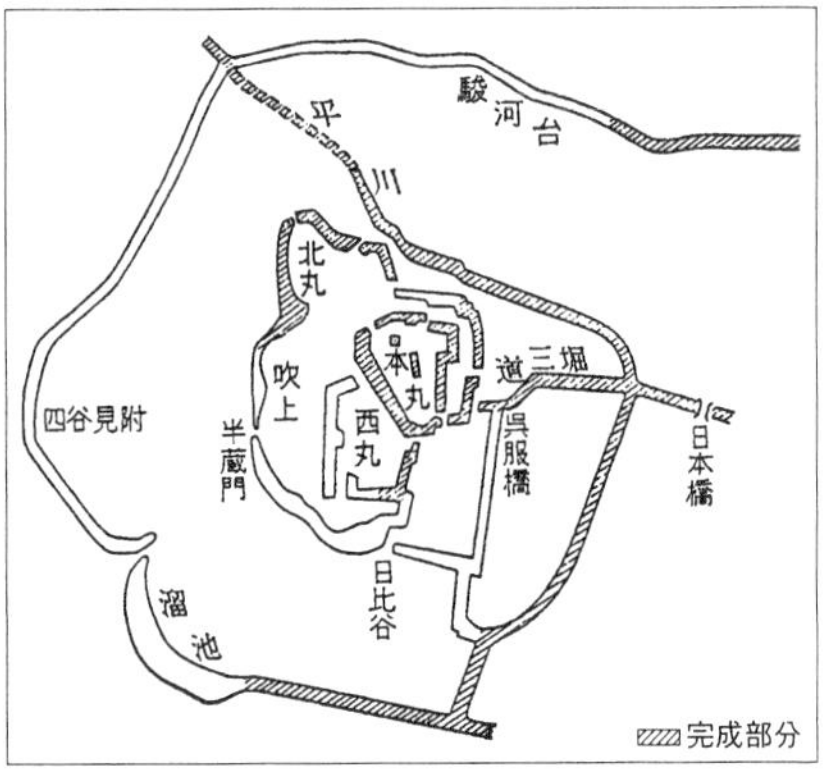

慶長12年までにできた工事の範囲

門は堅固で、自分のために開けてくれたときは、内側に長銃手と小銃手が二列にならんでいた。その人数一千名以上とみた。

進んで第二の門に入ると、前とは違った形の塀が見えた。その形はわが国のテラプレノ（塁壁）に似ている。二つの門のあいだは約三百歩ほどあり、この門の所には鎗を持った四百人ほどの一隊がいた。

第三の門に入ると石垣の高さは四バラ（約十二尺）もあり、兵士の家は三つの門の空地にあつまって、第三門からは宮殿に入ることができる。なかにはよく肥えた二百頭あまりの馬が飼養されていた。反対側には武器庫があり、黄金づくりの鎧、鎗、長銃、刀など十万人の軍隊がいつでも使用できるほど備えてある。

進んで宮殿内に入ると、第一室は畳といって、わが国の蓆《むしろ》よりはるかに清浄な敷物をしきつめてあり、その形は四角形で縁を金の織物、金繍の繻珍《しゅちん》、ビロウドなどで飾り、はなはだ精巧なものである。

壁はすべて木と板とでつくられ、金銀そのほかの色で狩猟の絵を画いてあり、天井もまた同じく、木地が見えないほどである。

われわれは、この第一室が一番立派な部屋だと思っていたところ、第二室、第三室と進むにつれてますます立派になり、いよいよ美観は増した。

そして最後の大広間の上段に、将軍は金の刺繡のある真赤な絨緞《じゆうたん》を敷いて坐っていた……

このとき江戸城はまだ完成しておらず、三代将軍家光《いえみつ》のころに較べると、これでも質素なものであったという。

## 御手伝普請に苦しむ大名

続いて慶長十五年から十六年にかけて西丸の修築工事がおこなわれた。工事の総指揮は本多佐渡守正信がとり、奥羽、関東、信州の諸大名が動員された。慶長十九年にはふたたび西国大名を大動員して、江戸城の石垣を修築した。

当時、助役による築城は江戸城だけではなかった。伏見城、尾張の名古屋城、家康の隠居所である駿府《すんぷ》城など、いずれも諸大名の御手伝普請で築かれた。

名古屋城の工事のとき、福島正則があまりにたびかさなる御手伝普請にたまりかねて愚痴を言うと、加藤清正がこれをいましめたという。また関ヶ原の合戦で、西軍中でもっとも勇敢に戦い、その武名を高めた島津義弘でさえ、慶長十一年に幕府から石船三百艘の調達を命じられたとき、子の家久に宛てた手紙のなかに次のように書いている。

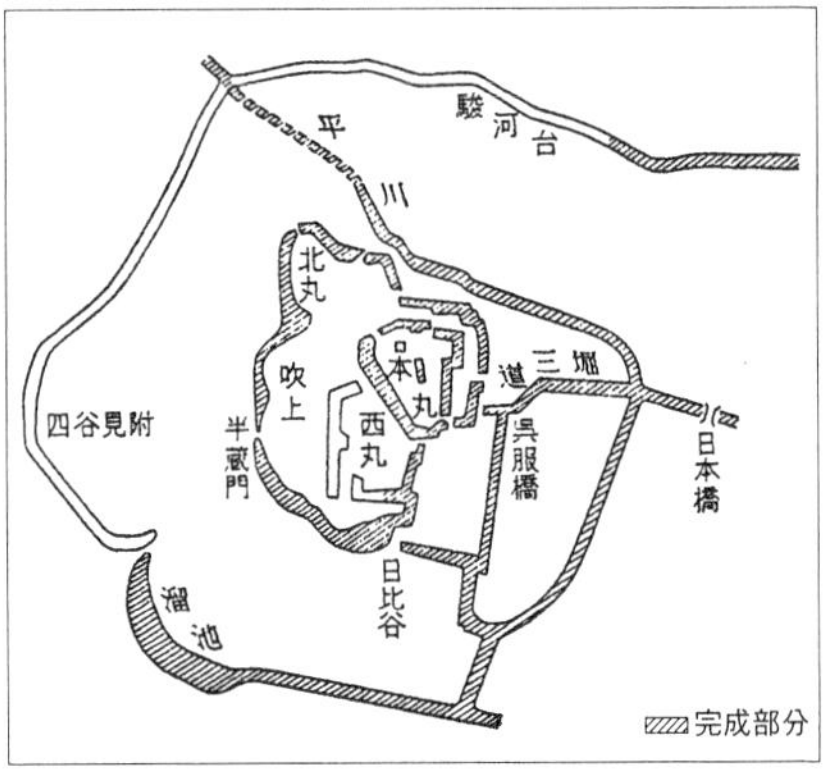


慶長19年までにできた工事の範囲

石漕船も大方出来たるもこれ有る由に候へども、いまだ出船せざるの由に候、京泊《きょうどまり》には帖佐《ちょうさ》方の船、少々廻りたる由に候、先《ま》づ今度の百五十艘の儀も、貴所(島津家久)まで聞召《きこしめ》さるるに相替り、急には出船成り難かるべき様に我等は承り及び候、左様《さよう》にてはたとへ江戸へ著船候共、時分後《じぶんご》にて候間、御用に立たずなどとて御受取り無く候はゞ、御代物は給り置き、不屈の仕置などと世上の風聞たるべく候か、左《さ》も候はゞ終は何とて成り行き申し候や。

石船の建造はすすんでいるが、廻送が遅れている。取りあえず百五十艘を廻送するというが、私のところには出船は難しいという話もきている。工事に間に合わなくて受け取ってもらえなかったら、世間で何といわれることか。これに失敗したら家も存続できないのではないかと、さしもの猛将が戦々兢々《きょうきょう》としているのである。

関ヶ原の西軍の総帥であった毛利家でも、合計三千人の人夫を差し出し、不足の資金は京都、堺の町人に借金までして間にあわせた。

秀吉恩顧の外様大名も、大坂の陣をまたずに徳川氏のためにその牙を完全に抜かれ、豊臣氏の運命は大坂の陣を戦わずしてすでに明らかであったといえよう。こうして大名のほとんどが、幕府の威を恐れてひたすらに命令に忠実であろうと努め、功をきそった。

関ヶ原合戦以後、慶長年間に、休むひまなく全国の諸大名を使役して江戸城を築かせたことは、徳川幕府の権威がもはや揺るぎなく確立したことを象徴する出来事であった。

## 江戸城三代にして完成

元和《げんな》元（一六一五）年、大坂夏の陣で豊臣氏が滅亡したのを最後に、徳川氏に反抗する大名はまったくなくなった。徳川幕府はこれから三代家光の時代にかけて、幕府政治を確立してゆく。

豊臣氏の滅亡を見届けた家康は、翌年の四月、駿府城で世を去った。後をついだ将軍秀忠は、みずから先頭に立って工事を指揮し、江戸城の完成をめざした。

元和四年、関東大名の助役によって西丸の南堀の堀さらい工事がおこなわれ、同六年には、大坂の陣勃発で中断された工事を完成させるため、内郭諸門の枡形《ますがた》が築造された。ついで八年には本丸御殿の改造と天守閣石垣の修築をおこなっている。

江戸城北部の防備力を強化する必要と、平川の治水をかねて、神田、御茶の水の掘割りを通し、湯島台地と駿河台の台地を切りはなすという大工事をおこなったのも元和年間である。

この御茶の水掘割り工事は伊達政宗が担当したが、これについてはつぎのような話がある。

ある日、将軍秀忠が政宗を相手に城中で碁盤を囲んだ。秀忠は初段で政宗が二段、政宗がやや上手

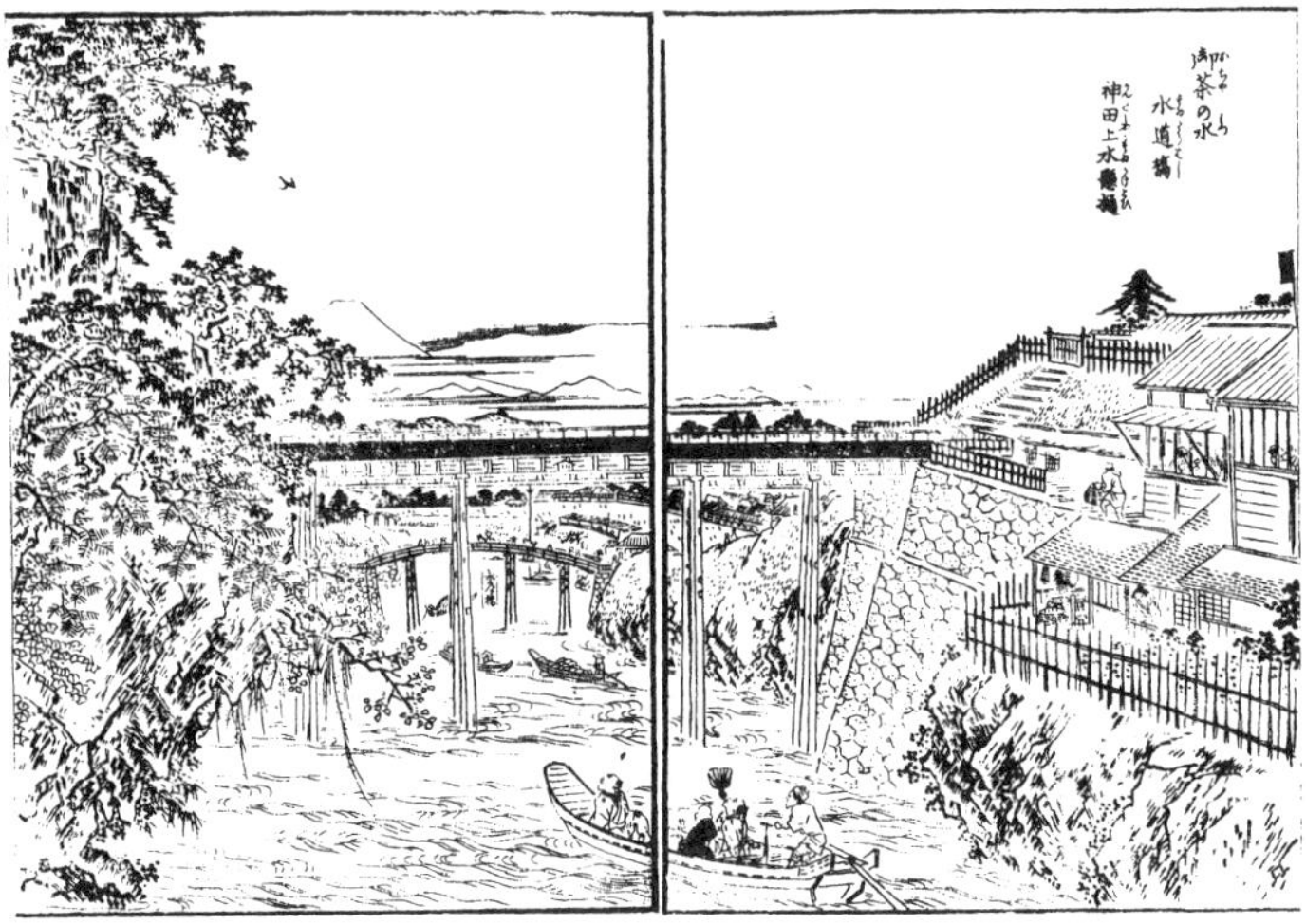


**御茶の水の掘割り**　『江戸名所図会』より　西方の水道橋方面をみた風景．両側の高い崖が掘割り工事の跡を示す

である。秀忠は一石を打つごとに、戯れに「政宗にしよう、政宗にしよう」と言った。周知のように政宗は隻眼であったから、これにかけて言ったわけである。政宗の方も一石を下すごとに、「本郷から攻めようか、本郷から攻めようか」と言った。

対局が終わり、秀忠がまじめな顔で、「本当に本郷は危ないか」と政宗に聞いた。彼は、「いかにも危険です。私がつつしんで掘割り工事の役をつとめましょう」と言い、この工事をおこなったという。碁の本因坊の家に伝わった話である。

秀忠が鋭意努力したにもかかわらず、彼の将軍在任中には、江戸城はなお完成しなかった。江戸城築城の規模はそれほど広大であったわけである。

元和九年、秀忠は将軍職をしりぞいて西丸に入り、かわって家光が三代将軍になった。

家光の時代は、三河時代以来の簡素な徳川氏の行政組織から脱皮して、老中、若年寄の職務分掌規程をはじめとする幕府の職制が整えられた時期である。それと同時に、島原の乱を契機とする鎖国の完成に象徴されるように、幕府の強固な支配力もようやく全国的に浸透した。そして江戸城も、江戸幕府の象徴たるにふさわしく、家光の治世においてついに完成した。

| | |
|---|---|
| 酒井忠世 | 大手門 |
| 土井利勝 | 玄関前石垣 |
| 永井尚政 | 吹上口・山里枡形 |
| 稲葉正勝 | 紅葉山東照宮枡形 |
| 井上正利 | 月見櫓台裏門枡形 |
| 伊達政宗 | 芝口・日比谷門枡形石垣 |
| 奥羽諸大名 | 数寄屋橋・鍛冶橋・呉服橋・大橋・神田橋・一橋・雉子橋 |

寛永6年工事の分担場所

家光は「生まれながらの将軍」にふさわしく、諸大名に助役を課すとき、容赦なく全国的に一時に総動員した。第一期工事は寛永《かんえい》六（一六二九）年にはじまった。それまでに例のない大規模な工事で、尾張の徳川義直はじめ御三家、一門、譜代、外様の諸大名など六十八名、そのほか三河衆、遠州衆、伊勢衆、播磨衆、備後衆、五畿内衆、近江衆、美濃衆などとよばれる比較的小身の者まで参加させられ、その役高の総計は三百四十二万石あまりにのぼった。

工事の石垣の延べ間数一千七百五十間、坪数は四万四千五百三十三坪余である。目的は堀および石垣の修築にあったが、一方また上に記した表にみるような内郭の諸門や枡形《ますがた》の築造がおこなわれていることは、江戸城がようやく完成に近づいてきたことを物語っている。

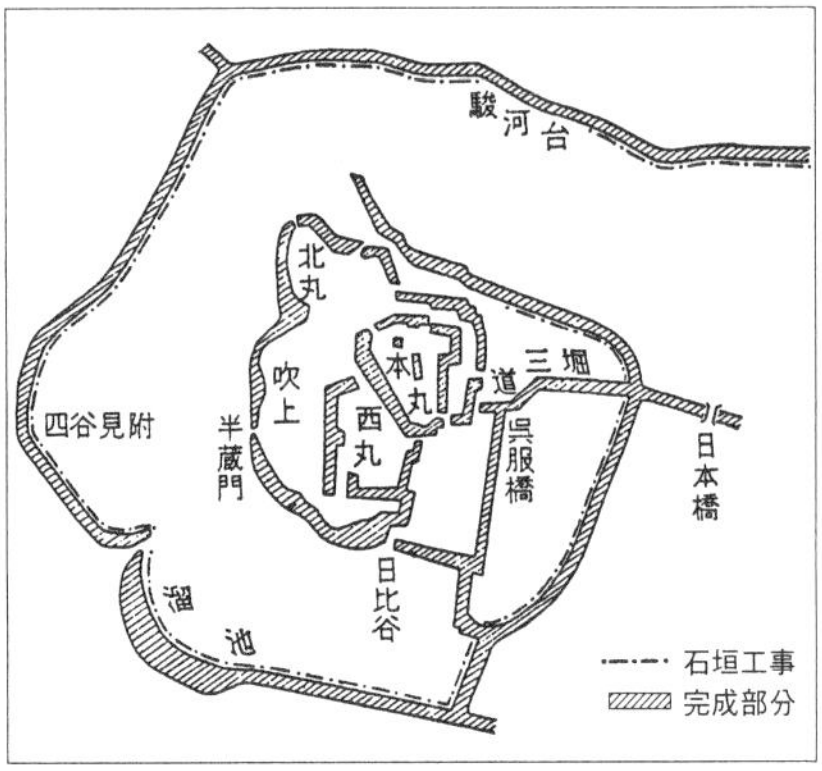


寛永13年までにできた工事の範囲

寛永十二年、二ノ丸を拡張して三ノ丸をせばめる工事があり、これによって江戸城二ノ丸、三ノ丸の規模が最終的に確定した。そして翌十三年、最後の外郭修築大工事がおこされた。

この工事に動員された大名の役高は総計六百六十四万五千石、寛永六年の本丸、西丸工事のときの約二倍に近く、当時の日本全国の石高総計が約三千万石であるから、ほとんど国をあげての大工事であったわけである。

これによって、江戸城を西側から囲む赤坂―四谷―市谷―牛込の外堀ができ、これが神田川につらなり、この川も外堀化した。

また東から南にかけては、神田橋あたりから常盤橋―呉服橋―鍛治橋《かじばし》―幸橋―虎ノ門―赤坂溜池にいたる堀と石垣が修築されるとともに、前にあげたような諸門の枡形がもうけられた。

江戸で牛車が使用されるようになったのは、この寛永十三年の牛込土橋付近の石垣工事のときからであるという。石材を運搬するために、京都四条車町の牛屋どもが呼ばれたのである。工事中は市谷八幡前に牛小屋を建ててここに集中し、御用を勤めたが、この工事が終わったのち、褒美《ほうび》として寛永十六年芝高輪に車町をあたえられ、江戸中での牛車使用の独占権をあたえられた。
こうしてここに、江戸城の総構えは完成をみたのである。

# 5　築城術

## 徴発された農民

家康、秀忠、家光と三代、約半世紀にわたる長い江戸城拡張の経過は、徳川氏が東国の一大名として江戸に入部してから、天下の覇者となり、やがて幕府を主宰する将軍として日本全国に君臨した歩みと、まったく歩調を一にしていた。

われわれは大城郭が築かれてきた政治的条件を主としてみてきたが、それでは、ここに注ぎこまれた築城資材や技術はどうなっていたのであろうか。

中世の城館は防備施設も貧弱で、自然の要害にたよるところが大きかった。これにくらべると、近世の城は規模の拡大もさることながら、自然の地形をたくみに利用しつつも、堀、石垣、多聞、天守閣など、人工の防禦施設が圧倒的に大きな比重を占めるようになっている。それだけ築城に要する労働力と物資は多くなっているのであり、それは荘園的孤立分散性をぬぐいきれなかった中世社会では不可能なことで、一円的な大名領国制が確立した近世社会にして、はじめて近世の大城郭は成立しえた。

江戸城普請のために働いた人足の数は数えきれぬほど多かった。近在の百姓の出稼ぎなどを江戸で雇用したものもあったが、それはごく一部分で、ほとんどは各大名の国許《くにもと》の農村から徴発されてきた農民であった。

その徴発の一例を秋田の佐竹氏についてみてみよう。元和六（一六二〇）年正月、江戸城二ノ丸の普請工事が奥州諸大名に課せられるという知らせが江戸から届いた（実際には佐竹氏は助役を命じられなかった）とき、藩では百五十石につき一人、都合千二百七十一人の人足割を即刻決定し、これを領内に触れまわす手筈《てはず》をととのえ、普請に必要な青麻《あおそ》を買いあつめるため、ただちに人を阿仁《あに》、院内、仙北、北浦などに派遣する一方、江戸へのぼる人足には鍬一挺《ちょう》ずつを持たせるよう準備した。

また寛永六（一六二九）年の普請のときは、給人は百石につき一人、御蔵入地では二百石につき一人の割で人足を徴発した。この人足には脇指《わきざし》を持たせ、衣裳も見苦しくないようにと注意を払っている。他の諸大名と見くらべての競争意識が強く働いているのであろう。人足に藩が支給した手間賃は、一人宛銀百匁《もんめ》であった。

家臣たちが負担したのは人足の差出しばかりではなかった。毛利家では慶長十七（一六一二）年、江戸普請の準備として、人足の調達とともに、家臣に知行百石につき銀百匁の供出を命じた。家計が苦しい家臣のなかには自分の知行を抵当にして藩から借金し、ようやくその責任を果たした者さえあった。

このような苦しい思いをしてまでも負担を果たさねばならなかったのは、当時、城普請の助役は軍役の一種とみなされていたからである。

大名は幕府から、家臣はそれぞれの主君である大名から知行をあてがわれ、「御恩」を受けているかわりに、まず第一に果たさねばならぬ「奉公」が軍役の奉仕であった。そのため大名もその家臣も、それぞれの知行の石高を基準にして相応の課役を果たす義務を負っていたのである。

江戸に出府した人足は、各大名の組ごとに人足小屋に入れられ、集団生活をした。荒くれた男ばかりの集団生活で喧嘩沙汰《けんかざた》など絶え間がなかったから、普請にさいして各藩では法令を出している。喧嘩口論の禁止、賭博や勝負事の禁止、若衆ぐるい・女ぐるいの輩の成敗《せいばい》、飲酒の制限、他藩の者との接触の禁止などの条項が、ほとんど各藩に共通してみられる。

## 紋を刻んだ大名の石

築城の土木工事の中心となるものは石垣工事であり、巨大な石塁を作るためには莫大な石材を必要とした。石材の乏しい土地の築城には、領内の墓石まで使ったというほど石集めには苦労するのである。江戸城に用いる石も、江戸の近辺には石材を産するところがないので、全部遠隔の地から輸送しなければならなかった。

もっとも遠くから運んだ例は、諸大名がそれぞれの領国から運んだ石で、一説によると、江戸城の本丸中門のあたりには、加藤清正が運んだ肥後石とよばれる大石や、大孤石、小孤石などという美しい石があったという。

西国の大名たちも、材質堅牢で色の白い美しい摂津の御影石《みかげいし》を、数十艘の船にのせて江戸に運んだ。これらの石材は、たぶん大事な部分である石垣の角や、枡形の石垣など人目に立つ場所に使用して、それぞれ自分が分担した仕事を立派に見せたり、普請の記念としたり、献上石として差し出し、幕府に対する忠誠心を披瀝《ひれき》するなどの目的で遠路をいとわず送ったのであろう。

しかし、江戸城の石材の大部分を切り出したのは関東地方の山々であった。現在記録に残っている所では、上野国中瀬（現在の埼玉県大里郡）、安房・上総の山地（現在の千葉県房総半島の山々で詳しい地名はわからない）、相模国の本目・岩村・真名鶴《まなづる》付近（神奈川県）、それに伊豆地方である。なかでも主産地は相模と伊豆で、とくに伊豆は、江戸城築城の全期間を通じてもっとも重要な石切り場であった。

伊豆では七ヶ浦、現在の熱海、宇佐美、伊東、川奈、稲取など伊豆半島の東岸の各浦に石切り場があった。採石場が東海岸ばかりで西海岸にないのは、西風を利用する舟運の都合によるものであったのであろう。

これらの諸浦を中心に、各大名はそれぞれ石切りの丁場をもうけた。その丁場ではかなり有力な重臣クラスの武士が総監督として采配をふり、その配下の武士が人夫を指図して石材を切り出していた。

地理的な条件の悪い場所では、切った石を運びだす道の普請も必要になる。黒田長政は、「峠から波止場までの道が悪くて、石の切り出しのはかがいかないというが、どうして念を入れて道普請をしないのか。道の普請などは少しの手間でできるのに、舟が出たあと道の普請もせずにいて、石材の切り出しが進まぬなどいうのは沙汰のかぎりだ」と現地駐在の家臣を叱りつけている。これをみると、かなり山奥の方まで石切りに入っていたものと思われる。

石切り場では、江戸からの注文によって、それぞれの用途にあわせて石材を切り出した。一番大きいのは五十人持、百人持などとよばれた大石で、主として台石などに用いられた。そのほか角石、角脇石、割石、栗石などさまざまの名称でよばれる石材があった。

黒田家では、江戸での工作の手間をはぶくために、石材の寸法、数量を詳細に示した注文書を現場に送り、また割石の場合には割り方の見本を送って注文通りの石を作らせるよう、こまかい配慮をしている。

狭い地域に多数の各大名の人足が入り込んで、それぞれの石切り丁場をもうけ、同じような石材を切り出すために、紛争が起こりやすかった。そこで各大名ごとに、間違いのないよう石に紋を切り込んで目じるしとする工夫をこらした。また丁場から切り出す石材ではたりないので、土地の人が採掘した石材を買ったという記録も残っている。

## 巨石を運ぶ

こうして山から切り出された石材は波止場にあつめられ、石船に積んで江戸に運送される。石材輸送用の船、つまり石船は、幕府が補助金をあたえて助役大名に建造させたものや、領内の百石以上の荷物船を徴用したものもあり、また大名自身の手船もあるなど、かなり雑多であった。

　後世に書かれた大蔵永常《ながつね》の著書などをみると、巨石を水中に沈めて、それだけ荷重を軽くするように工夫した特殊な石船が画かれているが、そのような石船が江戸城築城に使われた形跡はない。構造的には普通の和船で、荷の重い石材を積むにたるほどの大きい船であったと思われる。百石以上というのが、その船の大きさの目安であった。

　船に石を積み込む方法として、『慶長見聞集』に面白い記事がある。


　先年江戸御城石垣をつかせらるゝによつて、伊豆の国にて大石を大船につむを見しに、海中へ石にて島をつき出し、水底深き岸に舟を付け、陸と舟との間に柱を打渡し、舟をうごかさず平地のごとく道をつくり、石をば台にのせ、舟のうちにまき車を仕付けて綱を引、陸にて手こぼうを持て石をおしやり、舟にのする。船中にまき車の工《たく》み奇特なり……


石で突堤をきずき、船を直接岸壁に着けて、捲車《まきぐるま》すなわち当時神楽桟《かぐらさん》などとよばれた日本式のウィンチを取りつけ、石を引っ張るとともに、陸の方からも梃子《てこ》で押して船に積みこんだのである。

　こう書くと簡単なようだが、実際にはいろいろ問題があったようで、当時の記録をみると、石の下積みのときに割り木や薪、あるいは石垣普請に用いる杭の用材などを積むように命じたものが多くみられる。

これは築城に割り木や薪を必要としたから一緒に運ばせたということだけでなく、石を運ぶ技術上、これらの下荷が是非とも必要であったのではなかろうか。なぜなら、巨大な重量の石は、横に動かすことは比較的たやすいが、これを上下させるように吊ることは非常に困難である。そのため、巨石を船に積むとき、石の底面は船の舷側と同じ高さにしなければならないわけで、船底から舷側の高さまでの下荷がどうしても必要になるのである。

しかし、もしこのような石の積み方をすれば、重心が高くなり、船の安定は非常に悪くなる。そのために石船の転覆、沈没事故はかなり多く、慶長十一年五月二十五日の大風による沈没事故は、その最大のものであった。鍋島勝茂の船百二十艘、加藤嘉明の船四十六艘、黒田長政の船三十艘をはじめ、伊豆から江戸にむかう石船が何百艘もつぎつぎに覆没し、多数の死者を出したのである。

このような大事故を招いたことは、風波によることは勿論だが、転覆しやすい石の積み方にも一因があったのではなかろうか。

江戸の舟着場についた石は陸揚げされ、比較的小さな石は小車につけて引き、巨大な石は船積みしたときと同様に、太い材木を組んでつくった戸板のような台にのせて、丸太棒をコロに使い、大勢で普請場まで引っ張った。いわゆる石引きである。そのとき、景気をつけるために音頭とりが石の上にのり、木遣《きや》りを歌いながら引くこともあった。こういうと、いかにものんびりとしていてお祭り気分のようであるが、実際には大変な重労働で、しかもうまく運ぶのはなかなかむずかしく、荒っぽい気分のものであった。

千五百人もの大勢で福島正則の家来が巨大な角石を引いているところへ、藤堂高虎の組の人夫が、車四、五梃に石を積み、四、五百人で引いて通りかかった。福島家の石引きのそばを挨拶せず、ずっと通り抜けていったのが気にさわり、福島側の人夫が藤堂側の邪魔をして大喧嘩になったという事件も、こういう雰囲気でおこったのである。

## 石垣築造コンクール

さていよいよ石垣の築造であるが、江戸城の石垣工事についてのべる前に、石垣の積み方一般について少し説明しておく方が便利であろう。

まず石垣を側面から眺めてみると、なかには直線の勾配の石垣もあるが、大部分は優美な曲線の勾配をもっている。これは日本の城郭のいちじるしい特色の一つで、俗に「扇の勾配」などとよばれるものである。この勾配は美観のためにつけられたものではなく、きわめて実利的な、石垣を堅牢に保つ目的から自然に生みだされた曲線である。

重い石材を順々に高く積みあげた石垣は、その基底部分に非常に大きな圧力がかかる。地盤が堅牢であればよいが、弱い地盤では次第に石垣が沈下し、やがて崩れてしまう。こうした石垣の崩壊を防ぎ、基盤の土壌の支持力を強めるために、底部ではゆるやかに、上部にいくにしたがって急な勾配がとられるようになった。

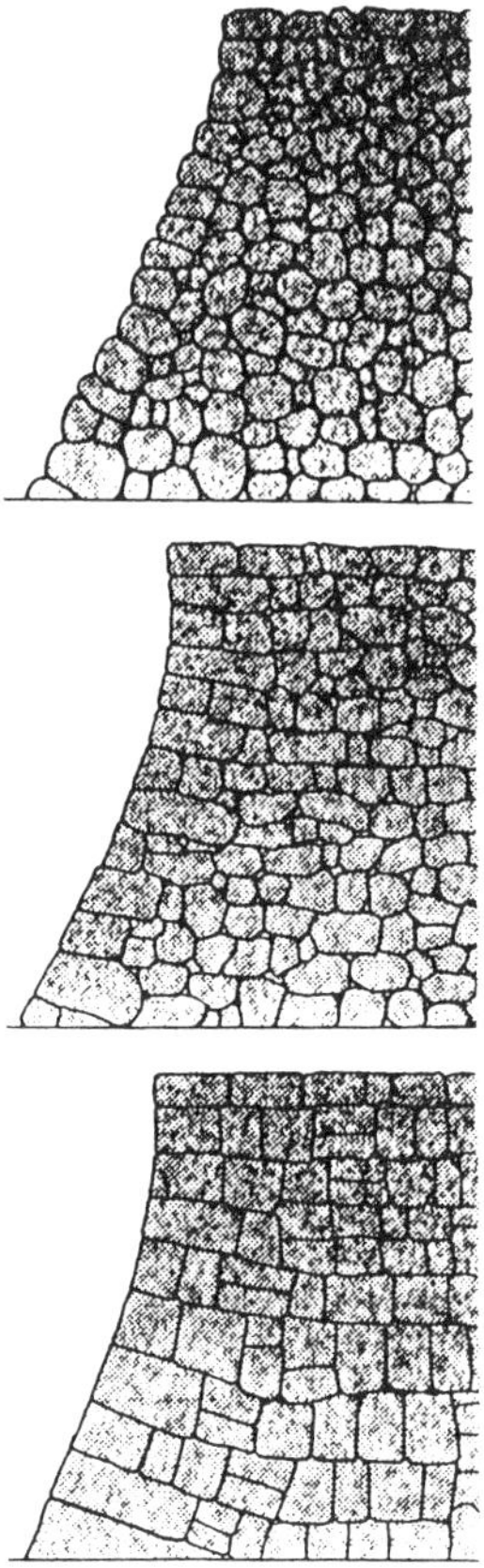

**石垣の積み方**　(上)野づら積，(中)打込接，(下)切込接

石垣のうちでも水をたたえた堀の石垣が、とくに優美な曲線をえがいてそそり立つのは、このような理由による。

石垣の積み方を表面から見ると、不ぞろいの石塊を一見無造作に積み上げた粗雑な感じの場所、比較的よくそろった石を積み上げた場所、きちんと面を切って接《は》ぎあわせ、すきまなく石を積んだ場所などいろいろある。これは、それぞれ野づら積《づみ》、打込接《うちこみはぎ》、切込接《きりこみはぎ》とよばれる異なった石積み法で、実際の石垣はこれら三種の石積みの併用でなりたっている。

石垣で固められた土手は、石垣の表面に内部から非常に大きな圧力がかかっている。主として土圧と水圧で、水圧は雨降りのあとで急に高くなり、このため石垣面の一部が押し出されてふくらみ、はなはだしい場合は石垣が崩れることもあった。

野づら積は、石と石とのあいだが粗で水はけがよく、水圧に強い。しかし打込接、切込接はそのままでは水はけが悪く、水圧が高くなる。そのため石垣内部の水はけをよくするために、いろいろの工夫がこらされた。

石垣の石は表面に出ているのはわずかだが、中に埋めこまれている部分が非常に大きく、一番外側の石は外から見るとまるまるとした石塊のようだが、内側に相当長い根をもっている石を積み重ねてある。その内側には大きな割栗石《わりぐりいし》をつめ、内部に入るにしたがって砂利を入れ、最後に上層と接する部分には砂などをまぜて、極力水はけをよくするように工夫した。

またもっとも重要であり、作り方がむずかしい石垣の隅の部分は、長方形の石を交互に積み上げながら、全体に勾配をつけていく算木積《さんぎづみ》という方法をもちいた。江戸城の石垣も基本的にはこのような築造方法によって作られた。

石垣普請は、いわば諸大名の石垣築造コンクールで、担当の大名は一時も早く立派に築きあげて面目をほどこしたかった。悪い丁場にあたると工事がむずかしいうえに、費用もそれだけ多くかかるため、普請丁場を決定するくじ引きには、各大名が一喜一憂した。

慶長十九年の工事のとき、浅野家は加藤家とならんで桜田、日比谷辺の石垣築造にあたった。この辺は遠浅の入江を埋めたてた場所で、地盤のたいへん弱いところである。にもかかわらず、浅野家の普請場では工事をいそぎ、相当に進行したころ、激しい夕立にあい、工事中の石垣が崩れて百数十人もの人が圧死するという大事故をおこした。

一方これに隣りあった加藤家では、森本儀太夫《ぎだゆう》という武士が普請奉行となって工事にあたった。彼は加藤清正の重臣の一人で、堅城として有名な熊本城の築城にあたり、三ノ丸の三階櫓などを築いた築城家でもある。彼の工事ぶりは、まず大勢の人夫に武蔵野に生いしげる萱《かや》を大量に刈ってこさせ、これを沼地同様のやわらかい地盤に敷き入れ、また十歳から十三、四歳までの子どもを集めてきて、その上で遊ばせた。子どもらは珍しがり、大勢でその上を踏み歩いたので次第に地盤が固まり、よくしまった。そこではじめて彼は石垣を築いた。

このため、隣りの浅野家より工事は遅れたが、浅野家の石垣が崩れたときにも、加藤家の石垣はびくともしなかったという。

石垣普請の技術は、一般的に東国大名よりも西国大名のほうがすぐれていた。鉄砲の普及も早く、また兵農分離が進行して大家臣団の編成が早くからおこなわれ、職人にもすぐれた技術者が多かった畿内、西国の軍事的社会的な先進性が、西国大名の石垣築造技術をすぐれたものにしたのであろう。そのため、寛永十三年の大工事のときには、西国大名が石垣方にまわり、関東、奥羽の諸大名は主として堀の掘開にあたった。

では、石垣はどんな道具でつくられたのであろうか。

仙台の伊達家が石垣工事に用意した道具をみると、石材を加工する石工道具は含まれていないが、石持棒、樫《かし》の木、梃子木《てこぎ》、鉄鎖、ゲンノウ、ツルハシ、スリ木、シキ木、苧綱《おづな》、カナテコ、ツノサヒなどであった。ツノサヒというのが何かわからないが、そのほかはなんの変哲《へんてつ》もない道具ばかりである。

あの優雅でしかも壮大な石垣が、このように簡単な道具を使うことだけで構築されたのかと思うと、当時の技術者のすぐれた技倆に感嘆するばかりである。

**江戸材木問屋のおこり**

築城には、石材とならんで多量の材木が必要である。しかも普通の建築物と異なって、城門、櫓、天守閣などいずれも大規模な建造物で、堅牢なことが第一の条件であったため、良質の巨材を必要とした。このため幕府はひろく東国一帯の山林を調査し、ここから用材を伐り出させた。

慶長十一年の築城につかう用材は、早くも二年前の慶長九年から準備をはじめ、尾張、紀伊、駿河、遠江、三河などの国々の材木伐り出し渡世の者を江戸に呼び集めて、用材の伐り出しを命じている。

このときの用材伐採地は三河の千沢山、駿河の大摩山などであったという。この材木伐り出しを契機として、伐採業者が用済み後も江戸に住みつくようになり、材木商売を営み、江戸材木問屋の起源となった。

ついで慶長十九年の工事にそなえて、二年前の十七年から駿河、遠江、信濃、甲斐の諸国の山林が調査された。その結果、今度は信濃の伊那の材木が伐り出されることになり、信濃の諸大名に伐採と江戸輸送が命じられている。

もっとも、すべての材木が駿州、遠州などの遠い山奥から運ばれたわけではなく、江戸に比較的近い関東の山地からも材木を運んだ。

慶長十九年八月、上野国で、暴風雨のために利根川べりに積んであった江戸向けの檜材が流失してしまったという記録があるし、江戸の西郊青梅《おうめ》の森林地帯では、徳川氏の江戸入府とともに御用木御公儀役八千石が課されたというから、当然この辺の山地からも材木が出されたに相違ない。

寛永六年、江戸城の台所の建築の虹梁《こうりょう》に使う大材を尾州藩に求めたところ、これを知った藩士の原田某が、材木屋と結託して木曽から切口四尺長さ十七間もある樫の大材を伐り出し、江戸へ送り、これを売ってしまったという事件がおきた。ところが巨材なので目立ち、すぐに原田らの仕業であることがわかり、処罰されたが、たまたまおきたこのような事件によっても、木曽材が江戸城の用材として運ばれたことがわかる。

城郭建築では、天守閣、櫓、多聞などはすべて漆喰《しっくい》で塗り固めるため、多量の石灰がつかわれた。石灰はのちには蠣殻《かきがら》を焼いて、安く、しかも多量に生産されるようになったが、当時は石灰岩を竈《かまど》で焼いてつくり、これを白土焼《しろつちやき》と称した。したがって材木や石材とちがい、労力を投入しさえすれば多量に取れるというものではなかったが、江戸城の場合には幸いなことに、西部山地に八王子石灰とよばれる石灰産地があったので、これを使用することができた。

慶長十一年の工事には、幕府は武蔵国多摩郡の成木《なるき》村、小曾木《おそき》村（青梅の近辺）に命じて御用石灰を焼かせ、これを馬につけて江戸に運ばせた。青梅街道は、この御用石灰の輸送路として開発されたものといわれる。

地元では、もと北条氏の家臣であった佐藤助十郎ら四人の牢人《ろうにん》が世話役となり、御用竈四ヵ所を築いて石灰を焼いた。石灰竈は大体年一回焼き立て、一竈で五千俵分ぐらい焼けるから、年に二万俵くらいの生産があったものと推定される。

## 歴戦の御用大工

当時堀や石垣の工事は普請とよばれ、城の設計である縄張りとならんで武士の仕事であったが、建築の方は作事《さくじ》とよばれて大工の仕事であった。江戸城の建築にも、中井大和、甲良《こうら》豊後、木原内匠《たくみ》、平内《へいのうち》大隅、鶴《つる》飛騨、鈴木近江、弁慶小左衛門など幕府の御用大工が働いた。

しかし彼らが、いつどの建物を建てたというような詳しいことは、ほとんどわかっていない。後世それぞれの家の由緒を書き出した書類に、「江戸御城の作事の御用を勤めた」と漠然と記してあるのが大部分である。

比較的くわしい鈴木家の記録でも、その先祖が家康の入国とともに江戸にきて、大手前の常御普請小屋で御用を果たしたとか、三代将軍家光のときに、「本丸御座之間廻り、大奥、又は二ノ丸、三ノ丸の御好《おこのみ》の御作事或は御庭を仰付けられ」たとかいう程度にしか、具体的に建造物の名をあげていない。そのほかはもっと簡単で、元和八（一六二二）年中井大和が江戸本城の表方、鈴木近江が裏方の作事を担当したとか、本丸玄関前の弁慶橋は弁慶小左衛門が作ったという話が伝わっているくらいである。

われわれは、大工といえば市井の大工職人をすぐに連想するが、江戸城を築城した大工は、すべてたびたびの合戦に従軍して陣小屋の作事などを担当してきた歴戦の士であった。なかでも名門の中井大和は、もと大和国の土豪武士の出身で、関ヶ原合戦後は、五畿内および近江の大工、杣《そま》職人一万六千人の支配を家康からゆるされ、また家康の命令で鉄砲射撃の習練をしたというような人物である。したがって社会的な地位も相当高かった。黒衣の宰相といわれた実力者金地院崇伝《こんちいんすうでん》が、「自分と非常に親しい寺沢志摩守（唐津《からつ》藩主）殿が江戸普請で二ノ丸枡形の工事を命じられたと言ってきた。大事な場所であるから、むずかしいこととは思うが、よくよく御指南いただいて、将軍の手前も首尾よくいくようにお取りなし願いたい。なにとぞよろしく頼み入る」と懇切な手紙を送っているほどである。世をあげての建設期であるだけに、とくに技術者が尊重されていたのであろう。

彼ら大工は、江戸城のほか駿府城、名古屋城などの作事にも活躍した。しかし彼らが手がけたのは城郭建築だけではなく、京都御所、芝増上寺、日光東照宮など宮廷、社寺など当時の大建築すべてに及んでいて、城の天守閣や櫓などの建築が、技法的には社寺建築などと異質のものではなかったことを示している。

そのほかにも、江戸城関係の技術者、職人は、いろいろと記録、文献などにみえている。近江の岩倉の石工《いしく》職人は、織田信長の安土城建設、豊臣秀吉の大坂城の城普請、京都方広寺大仏殿の工事、ついで日本最初の石柱橋として著名な京都三条大橋の石柱工事などに、すぐれた手腕を発揮した職人の集団である。これがわざわざ江戸城の工事にも呼びよせられた。慶長十年の正月に近江を出発し、伏見から江戸までの宿継《しゅくつ》ぎ十六疋の伝馬《てんま》を給されているから、慶長十一年からの江戸城工事に備えての下向であったろうと思われる。

彼らが携行した道具は、五貫目の大槌、カタ槌、コツチハシ、コハシ、ノミヤキハシなどの道具のほか、各人、石工の基本工具であるタガネ一梃ずつと槌、それに鉄の焼き入れ用と思われる各種の箸であった。

彼らが江戸城のどこの石細工をしたのかは、はっきりしたことはわからないが、石垣などの粗放な工事ではなかったと思われる。伏見城や名古屋城の工事に招かれたときの工事場所をみると、城の玄関前敷石や唐門前の敷石、あるいは御料理之間の囲炉裏などの細かい石細工であることからも、それが推察されるのである。江戸城の場合も、おそらく本丸、西丸などの殿舎に附属する精密な石細工を担当したのであろう。

今までにあげてきた築城工事の技術者は、実際に働いた者の数からみれば、ほんの一部にすぎない。はっきりした証拠こそないが、鍛冶町の職人は、いかめしい門扉の鉄板や鉄鋲などをつくったであろうし、鍋町の鋳物師《いものし》は城内に配置される灯籠《とうろう》、水盤などをつくったであろう。また大鋸町《おおがちょう》の職人は木材を挽き割り、畳町の畳刺《たたみさし》は城内の建物にしきつめられる畳を製作し、白壁町《しろかべちょう》の左官はあの美しい漆喰壁を塗り上げるなど、江戸城下に形成された職人町の機能が十分に働かされて、江戸城の建築が進められたのであろう。

また、築城のために江戸にあつまってきた無数の武士、農民、町人たちをめぐって、それをとりまき、彼らの需要をみたす商工業者がさらにあつまってくる。

こうして江戸城建設がまきおこした景気が、初期の江戸の都市的発展を多分に刺激したと思われる。江戸城の建設が一応完成した寛永年間には、約三百町といわれる江戸の古町が成立し、江戸の都市的発展の第一段階が終了した時期であったことが、これを裏書きしている。

日本六十余州の労働力と、そして三百数十年以前の日本の最高の建設技術が惜しみなく投入された江戸城は、当時の日本人の活力を示す巨大な記念碑であった。

# 6　江戸城の構造

## 外郭と内郭

にしをはるかにながむれば、方百町にてつせき（鉄石）の、つゐぢやぐら（築地、櫓）は十重《とえ》廿重《はたえ》、ふもとの堀のまんまんと、やばせのうみにあひおなじ、こんごうるり（金剛瑠璃）の御屋かた、五ぢうの天しゆ（守）たけたかく、とうりてん（忉利天）にもおよぶかと、数千万里に見えわたる、ゆたかなる代《よ》のためしには、あをひ（葵）の御もん（紋）あらはれて、たちよる人のかげまでも、ひかりかがやくありさまは、君のめぐみぞありがたき……

『東《あずま》めぐり』という書物の一節で、寛永ごろの江戸城を描写したものである。誇張と修飾の多い文章であるが、五層の天守閣や二重、三重の櫓の白壁が碧空にそびえ、松がふかい水堀に緑をうつしていた壮大で優美な江戸城の雰囲気を、よくあらわしている。江戸城は空前絶後の大城郭であった。

城郭は、普通、平面的には外郭と内郭に大きく分けることができる。外郭は外堀内、内郭は内堀内であるが、この江戸城の外郭、内郭の規模を、大坂城と比較してみるとどうであろうか。

次ページの表を見ると、大坂城の外郭全体が、ほぼ江戸城の内郭の規模の大きさということになり、

江戸城と大坂城の規模の対比

| | 外郭 | 内郭 |
|---|---|---|
| 江戸城 | 周囲　約四里<br>東西　約五十町<br>南北　約三十五町 | 周囲　約二里<br>東西　二十一町<br>南北　十七町 |
| 大坂城 | 周囲　約二里<br>東西　約二十町<br>南北　約十九町 | 東西　十町<br>南北　十町 |

江戸城がいかに巨大な城であるかがよくわかる。

外郭の範囲を決定するのが外堀であることは前にも述べたが、江戸城の外堀は、神田川の流れが隅田川につながる浅草橋辺におこり、小石川方面にのびて、さらに江戸城の西側をかこんで牛込、市谷、四谷、赤坂にいたっている。この堀は寛永十三年の外郭工事で掘られたものである。

赤坂では古くからの池である溜池を利用し、東へ虎ノ門、幸橋へとのび、ここから二筋にわかれて、一筋は芝口から海ぞいの御浜御殿（現在の浜離宮公園）にいたり、もう一筋は幸橋から北にのぼって、数寄屋橋、鍛冶橋、常盤橋、神田橋、一橋をへて雉子橋にいたっている。

外堀はいうまでもなく、城が進攻をうけた場合の第一の防禦線で、その内部は「御曲輪《くるわ》内」すなわち広い意味での城内である。ところがこの城内には、当時の江戸の城下町がほとんどすっぽりと取り込まれていることは、注意しておかなければならない。

当時の江戸の都市的発展は、神田の職人町、日本橋・京橋の商人町を基本とし、城下町の機能のほとんどすべてがこの外郭内に取り込まれていた。近世の城は、単に戦闘上の防備施設であるだけでなく、城下町の商人の経済力や、職人の手工業生産力をもふくめた城と城下町が一体化した構造で、この点でも江戸城はもっともみごとな典型をしめしている。

内郭は内堀をめぐらした内側の部分で、本丸（二ノ丸、三ノ丸をも含む）と西丸（紅葉山を含む）、北ノ丸、それに吹上《ふきあげ》の四部分からなっていた。

本丸は将軍が日常起居し、政務がおこなわれるところで、江戸城の中枢である。面積は二ノ丸、三ノ丸を含めて約九万四千坪におよぶ。本丸の西南、蓮池堀と坂下門のある堀をへだてて西丸があり、西丸の続き、本丸と蓮池堀をへだてた向かい側に紅葉山があった。

西丸は将軍職から隠退した大御所、あるいは将軍世嗣のすむ場所で、紅葉山には幕府創業の家康をまつる東照宮をはじめ、歴代将軍の廟や宝蔵があった。その全面積は約六万八千坪、そしてこの西丸台地の西側に道灌堀をへだてて広大な吹上がある。

吹上は、はじめのころ尾張、紀伊、水戸の御三家をはじめ、親藩、譜代の有力大名の邸宅がたちならび、江戸城を西側から守備する役割をもっていた。しかし明暦《めいれき》の大火以後、火災防止の見地から一切の大名邸を撤去し、約十三万坪におよぶ広大な庭園がつくられた。これが現在まで続いている皇居内吹上御苑である。

今日、吹上御苑は武蔵野の面影をとどめており、また動植物学的にも貴重な場所といわれているが、二百五十年ほど前にここが武家屋敷であったことを知る人は、意外に少ない。

北ノ丸は、現在の皇居北側の内堀（乾濠・平川濠・清水濠・千鳥ヶ淵・牛ヶ淵）にかこまれた地域で、

| 番号 | 見附名 | 別名 | 撤廃 |
|---|---|---|---|
| 1 | 浅草橋門 | | |
| 2 | 筋違橋門 | 筋替門・神田見附 | |
| 3 | 小石川門 | 水戸前の門・小石川口・礫川門 | |
| 4 | 牛込門 | | 明治35 |
| 5 | 市谷門 | 市ヶ谷口・一ヶ谷口 | 明治4.6.4 |
| 6 | 四谷門 | 外糀町口・四谷口門・山ノ手口・山ノ手御門 | 明治5.11.13 |
| 7 | 喰違門 | 伊賀町新土橋・喰違土橋 | 明治5.8.8 |
| 8 | 赤坂門 | 北斗郭 | 明治5.11.13 |
| 9 | 虎ノ門 | | 明治6.10.4 |
| 10 | 幸橋門 | 御成橋門・御成門 | 明治35 |
| 11 | 山下門 | 喰違小枡形・南鍋町喰違門・土岐前の門・田姫御門・外日比谷御門・鍋島御門 | 明治6.7.1 |
| 12 | 浜大手門 | 浜御殿大手門 | |
| 13 | 数寄屋橋門 | 芝口門 | 明治6.3.17 |
| 14 | 鍛冶橋門 | | 明治6.5.1 |
| 15 | 呉服橋門 | 舟口・御服橋・後藤橋門 | 明治6.10.10 |
| 16 | 常盤橋門 | 浅草口・追手口 | 明治6.12 |
| 17 | 神田橋門 | 芝崎口・神田口・大炊殿橋の門 | 明治6.5.24 |
| 18 | 一橋門 | | 明治6.8.12 |
| 19 | 雉子橋門 | | 明治6.10.20 |
| 20 | 清水門 | 清水門口・清水口 | 明治4.9.28 |
| 21 | 田安門 | 田安口・飯田町口 | 明治3.11 |
| 22 | 半蔵門 | 半蔵町口・麴町口・麴町口門 | 昭和20.5.25 |
| 23 | 外桜田門 | 桜田口・小田原口 | 明治4.9.28 |
| 24 | 日比谷門 | | 明治6.11.12 |
| 25 | 馬場先門 | 兵庫橋・朝鮮馬場の門・不明御門 | 明治39.4 |
| 26 | 和田倉門 | 蔵の御門 | |
| 27 | 大手門 | | |
| 28 | 平川門 | 平河門・三ノ丸の正門 | 明治6.1.20 |
| 29 | 竹橋門 | すの子橋・御内方通行橋 | |
| 30 | 内桜田門 | 桔梗門・泊船門・吉慶門・吉祥門・三ノ丸南大手門 | |
| 31 | 坂下門 | | |
| 32 | 西丸大手門 | 下馬門虎口（二重橋） | |

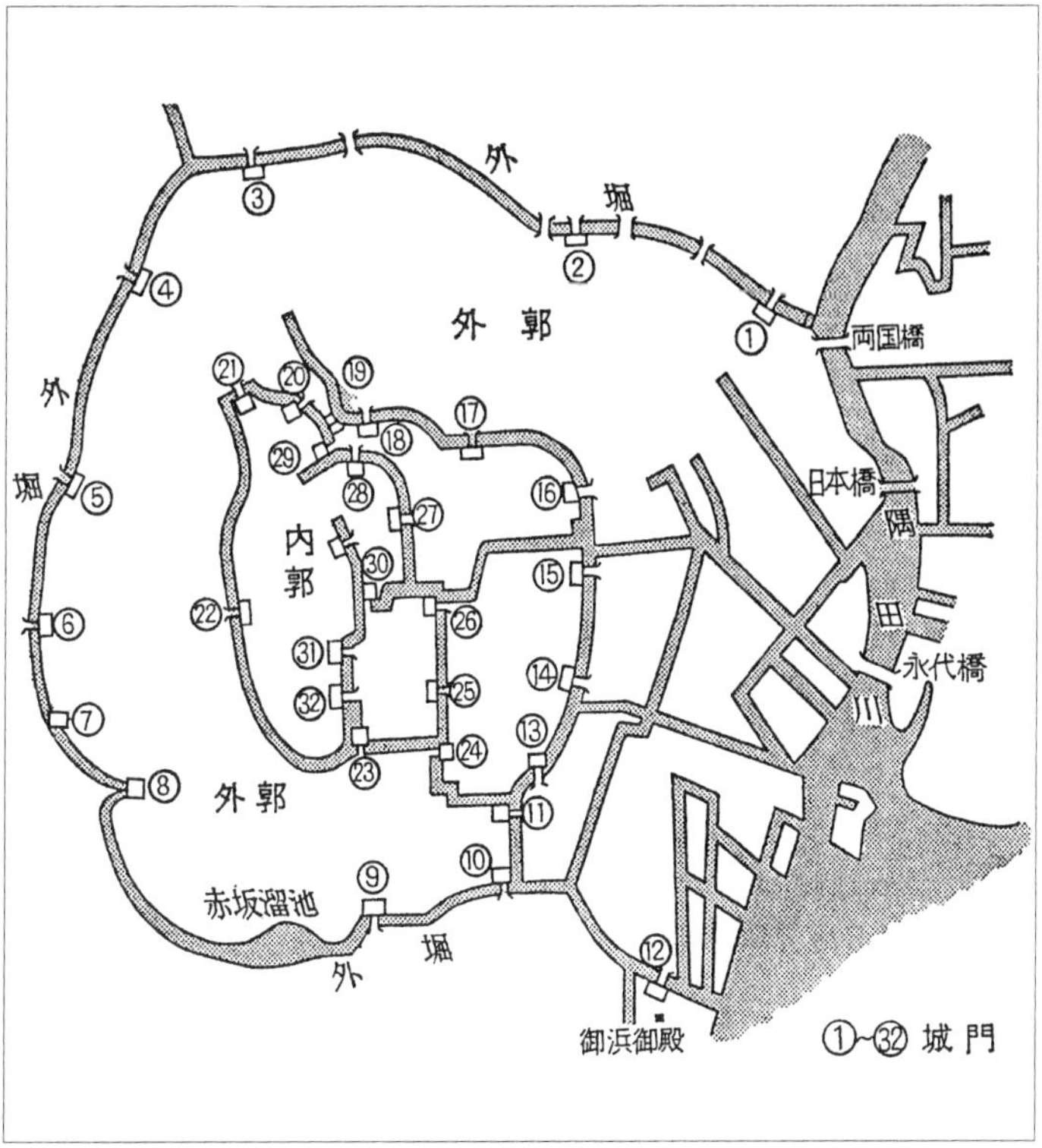


江戸城諸門の配置

本丸北部に接している。ここには武家屋敷や江戸城の米蔵がもうけられていたが、後年、享保《きようほう》年間に徳川吉宗が御三卿《ごさんきよう》を創立したさい、田安、清水両家の邸宅をもうけた。

内郭は本城としての性質をもち、軍事施設としての配慮に重きがおかれているが、なかでも本丸と西丸の防禦設備はきわめて厳重で、複雑、巧妙にできている。

しかし徳川氏の覇権が確立し、幕府の権威が圧倒的に重くなると、いわゆる「元和偃武《げんなえんぶ》」をへて太平の世が続くようになり、江戸城が実際に敵から攻撃を受けるような可能性はほとんどなくなってきた。したがって天下の諸大名を使役しての築城も、軍事上の目的よりも、壮大堅固な城郭のもつ政治的な威圧感であるとか、助役にともなう大名の財力消耗などが真のねらいであったともとれる。

江戸城のもつ政治性は、幕府政治の政庁として使用され、近世日本の行政の中枢となったことによって、なお一層強められた。

諸大名の江戸邸についてみてみると、徳川氏の譜代の家臣が城内あるいは城の周辺に屋敷を与えられたのは、城の防備の固めであるとともに、家臣としての勤番のためであった。しかし外様の有力大名が江戸邸を置くことは、これとは意味がちがっていた。端的にいえば、江戸邸は最初、徳川氏に対する人質の住居だったのである。

江戸に人質すなわち証人を送った最初の外様大名は藤堂高虎だというが、慶長三年の豊臣秀吉の死、慶長五年の関ヶ原合戦後と、外様大名の証人差出しは急速に増加し、幕府は彼らに屋敷を割り与えた。

諸大名の江戸邸の配置をみると、城の大手内（城内）や西丸下（現在の皇居前広場一帯）は、さすがに譜代大名の屋敷でしめられている。とくに西丸下は、老中、若年寄などの閣僚級の者の屋敷があり、役職の任免にともなって、この地域の邸地に移転してきたり、他に転出していくのが普通であった。いわば幕府役人の公邸地帯である。

これにたいして、道三堀南側のいわゆる大名小路《だいみようこうじ》や日比谷門外の外桜田一帯には、前田、毛利、細川、黒田、福島、浅野、山内などの大名屋敷がずらりとならんでいた。いいかえれば、幕府は人質をしっかりとだきかかえていたわけである。

このような屋敷地の配置一つをみても、江戸城がもっている全国支配の政治的性質がよくあらわれているといえよう。

## 厳しい九十二の城門

堀にかけられた城門を見附《みつけ》とよぶ。見張所の意味である。

現在でも四谷見附、市谷見附、赤坂見附などの名が残っているが、昔はもっと多く、江戸では俗に三十六見附といわれた。しかし、これは江戸八百八町などというのと同様に、実数をしめしているのではなく、多数を意味する呼び方にすぎない。

それでは江戸城の城門は、実際はいくつあったのだろうか。幕末の慶応三（一八六七）年の調べでは、本丸、西丸、吹上などの城中の門は大門六門（中雀門《ちゆうじやくもん》、中之門、大手三之門、大手門、内桜田門、西丸大手門）と、そのほか諸門六十門と、二之曲輪、外曲輪の諸門二十六門（外桜田、和田倉、馬場先、神田橋、一橋、雉子橋、竹橋、清水、田安、半蔵、日比谷、数寄屋橋、鍛治橋、呉服橋、常盤橋、幸橋、山下、芝口、虎ノ門、赤坂、四谷、市谷、牛込、小石川、筋違《すじかい》橋、浅草橋）、合計九十二門が江戸城の城門であるという（『徳川制度史料』）。

これらの門のうち、内部の門は直接江戸城を警備する城門であり、それぞれ諸大名や旗本が常時警戒にあたったが、とくに大門六門の備えは、なかなかいかめしいものであった。

外郭の諸門は、江戸から諸方に通ずる道筋の出口にもうけられており、江戸の市街が曲輪外に発展するにしたがって市内交通の要点となっていたため、警備もきびしかった。各門によって差はあるが、だいたい鉄砲五〜十挺、弓三〜五張、長柄槍五〜十筋、持筒《もちづつ》二挺、持弓一組くらいの武器をそなえ、譜代大名か城中柳之間詰の外様大名、それに、ごく大身の旗本が警備を担当していた。

警備規則は非常に面倒で、時代や諸門によって差はあるが、享保六（一七二一）年の内外諸門の全十八ヵ条の定書《さだめがき》をみてみると、

一、門の開閉は、卯《う》の刻（午前六時ころ）に開き、酉《とり》の刻（午後六時ころ）に閉じ、あやしい者の出入りは検問せよ。

一、交替のときは門の開閉を試してから交替せよ。

一、番所の近くで喧嘩をする者があったら双方とも捕えおき、御目付に連絡して指図をうけよ。

病人、怪我人があるときは養生させよ。

一、たとえ役人でも理由なしに番所に立ち寄ってはならない。薬と湯水以外は飲んではならない。

一、門や番所の屋根に草が生えたらすぐに取らせ、土手の草はときどき刈りとれ。

| 門 | 備付武器 | 警備受持者 |
| --- | --- | --- |
| 中雀門（本丸玄関前） | 鉄砲 25<br>弓 25 | 書院番与力・同心 |
| 中之門 | 鉄砲 25<br>弓 25 | 持弓・持筒頭与力・同心 |
| 大手三之門 | 鉄砲 25<br>弓 25 | 鉄砲百人組頭与力・同心（甲賀組・根来組・伊賀組） |
| 大手門 | 鉄砲 30<br>弓 10<br>長柄槍 50<br>持筒 2<br>持弓 2組 | 10万石以上の譜代大名が受け持つ |
| 内桜田門（桔梗門） | 鉄砲 20<br>弓 10<br>長柄槍 15<br>持筒 2<br>持弓 2組 | 6万〜7万石以上の譜代大名が受け持つ |
| 西丸大手門（二重橋のうち手前の橋） | 鉄砲 20<br>弓 10<br>長柄槍 20<br>持筒 2<br>持弓 2組 | 10万石以下6万石以上の譜代大名が受け持つ |

**大手六門の警備**（慶応3年調べ）

ただし、城門の渡り櫓の屋根や塀に草が生えたら、勝手に抜かずに御目付に連絡せよ。

などという条項がある。

また寛文《かんぶん》二（一六六二）年の規則をみると、外郭諸門の内では、小者《こもの》、中間、百姓、馬方などが馬に乗ることを禁止しており、もし乗馬した者があれば、諸門通行の際に注意して下馬させよと書かれている。

そのほか通行者の階級や身分、格式によっても応対がことなったし、平日と式日（五節供の祝日や将軍家の御成《おなり》など）でも警備の様式がかわり、門番の人員、服装などにもやかましい規則があって、城門の警備は非常にむずかしいものであった。

ところで、さきにあげた城門の規則のなかに、渡り櫓の屋根にたとえペンペン草が生えても勝手に取るべからずという一項があったが、これは、城門が枡形形式になっているところからきている。江戸城の主要な門は、ほとんどこの枡形門の形式をとっていた。いまでも桜田門、内桜田門、平川門の三門はほぼ昔どおりにその形式を残している。

枡形にも幾種類かの形式があるが、典型的といってよい桜田門をみてみると、現在の警視庁側から入るには、まず堀にかかった細い橋をわたらなければならない。橋をわたった正面には冠木門《かぶきもん》形式の高麗門《こうらいもん》があり、門の両側は頑丈な高塀になっていて、入口はきわめて狭い。高麗門を入ると中は方形の広場になっている。ここは、桜田門の場合は正面は堀、左手は三分の二が高塀で三分の一は何もなく堀に接しているが、門によっては高い石垣や塀で塞がれていることもあり、そのため枡形とよばれるのである。この広場の右側に進むと豪壮な渡り櫓があり、櫓の下が門扉になっていて、ここを通ってはじめて城内に入ることができる。

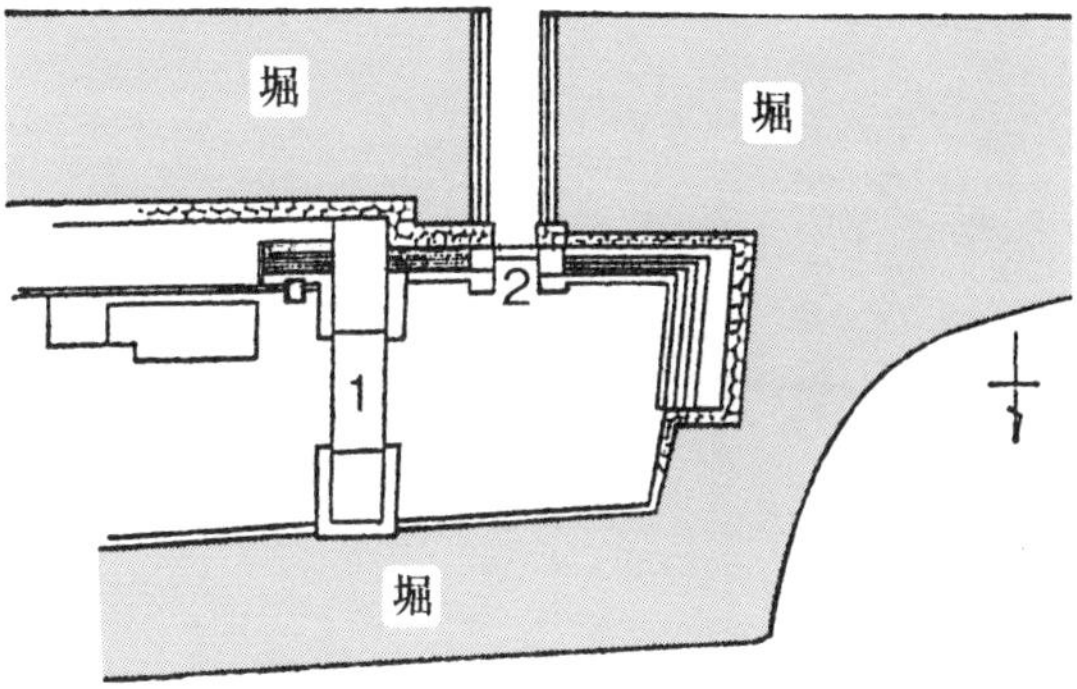


**桜田門枡形の平面図**　1　渡り櫓，2　高麗門

枡形門は防禦上に大きな利点をもっている。外にむかった門がせまく、攻撃軍は一挙に大勢が押し入れない。しかも中に入ったところで、おそろしく頑丈な渡り櫓をはじめ、三方から射すくめられて避ける場所もない。そのうえ渡り櫓の門は大きく、大勢で押し出してきて少数の侵入者をみな殺しにできる。一方、城内から打って出るときも、この枡形の広場が兵士の溜り場になり、外からは遮蔽《しゃへい》されていて人数を知られにくいという利点があった。

桜田門のついでに平川橋の突きあたりの平川門をみてみると、ここは三ノ丸の正門であるが、特殊な門で、城中の死者や罪人をこの門から送り出したため、一名不浄門とも呼ばれた。

元禄《げんろく》十四（一七〇一）年、城内松之廊下で刃傷《にんじょう》をおこした浅野内匠頭長矩《たくみのかみながのり》が、切腹のため、芝田村町の田村右京大夫邸に向けて送りだされたのも、また正徳《しょうとく》四（一七一四）年、風紀紊乱《びんらん》のかどで、大奥の女中絵島《えじま》が白無垢《しろむく》一枚にはだしというみじめな姿で引き出されたのもこの門である。

この門は別名をお局御門《つぼねごもん》ともよばれた。この門を入って右手の梅林坂をのぼると、まっすぐに本丸大奥に達したので、城中の奥女中が外出するときの通用門になっていたためである。この女人通行で有名なのは、春日局《かすがのつぼね》の話である。

三代将軍家光の乳母《めのと》として権勢盛んであった春日局が、外出して門限におくれたところ、門を守っていた旗本小栗又一郎は、規則をたてに開門をゆるさず、局はついに寒い一夜を門外であかした。局が大奥に帰ってこのことを家光に話したところ、家光は小栗の職務に忠実なことを喜んだので、機敏な彼女は家光に加増を進言し、ために又一郎は、五百石の加増にあずかったというのである。

## 伏見櫓の人骨騒動

江戸城の堀の全長は約二十六キロメートルもあるという。

普通、堀の上はすぐに石垣になっているが、西丸の南の端、桜田門あたりから吹上の方へかけては、堀から上は芝土居になって、その土居の上にやや低目の石垣が築かれている。いわゆる鉢巻土居《はちまきどい》で、現在われわれが九段から半蔵門、三宅坂と、堀端にそって歩くと見られる美しい土手と石垣がそれである。

鉢巻土居は吹上苑の西側まで続き、北にまわって北ノ丸の清水門にいたる。

昔の江戸城の絵図面をひろげてみると、鉢巻土居の部分は石垣だけで、石垣の上に塀は建てられていなかった。しかしこの鉢巻土居の部分をのぞく他の石垣の上には、塀がめぐらされている。

櫓の両側の塀や重要な箇所の塀は、多聞櫓になっていた。略して多聞とよばれるこの櫓は、石垣の上に長く連続してつくられる単層の長屋造りの建物で、土塀よりはるかに堅固である。名称は、戦国時代に松永久秀が築いた大和の多聞城に、この形式の櫓をもちいたところから起こったという。

櫓や塀はもっとも基本的な城の防禦施設であるから、さまざまの仕掛けがほどこされていた。現在皇居の堀端に見える塀はすべて改築されたもので、塗り込《ご》めの塀になっているが、古い絵や写真には、矢狭間《やざま》、鉄砲狭間などの設備がはっきりと見える。

現在でもはっきりと痕跡を残している仕掛けの一つに石狭間がある。石垣最上段の石の一部をくりぬいて銃眼にしたもので、平川門の右手の石垣に刻んである。

この石狭間の仕掛けは、慶長十八年に藤堂高虎が石垣普請を命ぜられたとき、みずから考案工夫したのがはじまりで、以後城普請にもちいられるようになったというが、同様のものが大坂城やそのほかにもあるので、真偽のほどはわからない。

江戸城の建物で昔の面影を伝えているのは、わずかに存在する櫓であろう。しかし十九もあった櫓のうちで現存するのは、富士見櫓、伏見櫓、桜田（巽《たつみ》）二重櫓の三つだけである。

現在、坂下門に向かって右手に、高い石垣の上にそびえて見える三重櫓が富士見櫓である。俗に八方正面の櫓ともよばれ、とくに石垣の上にせり出している石落としの仕掛けの部分の屋根のえがく曲線は優美である。八方正面とはどこから見ても同じ形に見えるということで、櫓建築として非常にすぐれたものであるという。このため、築城の名人太田道灌が江戸城を築いたときに建てたという伝説が生じたが、もちろん道灌時代にこのような建物が建てられるはずはなく、将軍秀忠の要望によって、加藤清正がこの櫓の石垣普請をしたという伝えの方が、むしろ信用度が高い。

それはともかく、この櫓が江戸城にとって重要であったのは、明暦大火ののち、ついに天守閣が再建されなかったので、この櫓が天守閣の代用として使用された点にある。

伏見櫓は二重橋の奥、西丸の殿舎の西南隅に建てられた二重櫓で、これに接してかなり大きな多聞が残っている。これを伏見櫓とよぶのは、西丸築城にあたって伏見城の櫓を解体移築したものと伝えられているからである。

この伏見櫓のある土手の一部が、大正十二年の関東大震災で崩れ、そこから計十六体もの人骨がでてきたことがある。当時人柱ではないかと相当な騒ぎになったが、この辺はもと局沢十六寺のあったところだから墓地だろうという説、あるいは工事中事故で死亡した人夫を人柱の故事にちなんで埋葬したのだろうという説などがあらわれた。

残念ながら本当のところはもちろんわからない。しかし築城にともなう人柱の伝説でたしかなものは非常に少ないし、江戸時代という時代性からいっても、人柱の風習などは納得しがたい。また事故死した人間を埋葬したというのも、不吉を忌むことの強い当時の人心から考えると無理な気がする。前にのべた江戸城築城用の御用石灰の輸送についても、服忌中の者には決して駄馬の口取をさせるなと、わざわざ命令が出ているほどで、築城にはたいへん縁起をかついだ。したがって、まず今のところは墓地説がもっとも無難なのではあるまいか。

塀は比較的耐久力が弱いので、台風などにあうと倒壊することがしばしばあった。その修繕費用もかかるし、太平の世が続いてぜひとも塀にしておかねばならぬ理由も薄らいだので、緊縮政策を実行した八代将軍吉宗のとき、塀のかわりに松を植えるように命じた。今も緑の美しい江戸城の松はここにはじまったという。

## 日本最大の天守閣

城の北側の竹橋を渡り、深い堀にそって代官町の方向に坂道をのぼっていくと、左側に北桔橋門《きたはねばしもん》がある。ここから城に入ると、ちょうど正面のあたり、旧本丸大奥の北隅に天守閣があった。このあたりは標高約二十五メートルで、本丸台地のもっとも高い場所である。

江戸城の天守閣は、慶長十一（一六〇六）年に土台の石垣が築かれ、翌十二年に五層の楼閣が完成した。しかもその後、元和八（一六二二）年、寛永十四（一六三七）年、承応《じょうおう》二（一六五三）年と修築されて（翌年完成）結構がととのえられた。

とくに寛永十四年の工事は、石垣は黒田忠之《ただゆき》、浅野光晟《みつあきら》、天守一重は水野勝成《かつなり》、二重は永井尚政《なおまさ》、

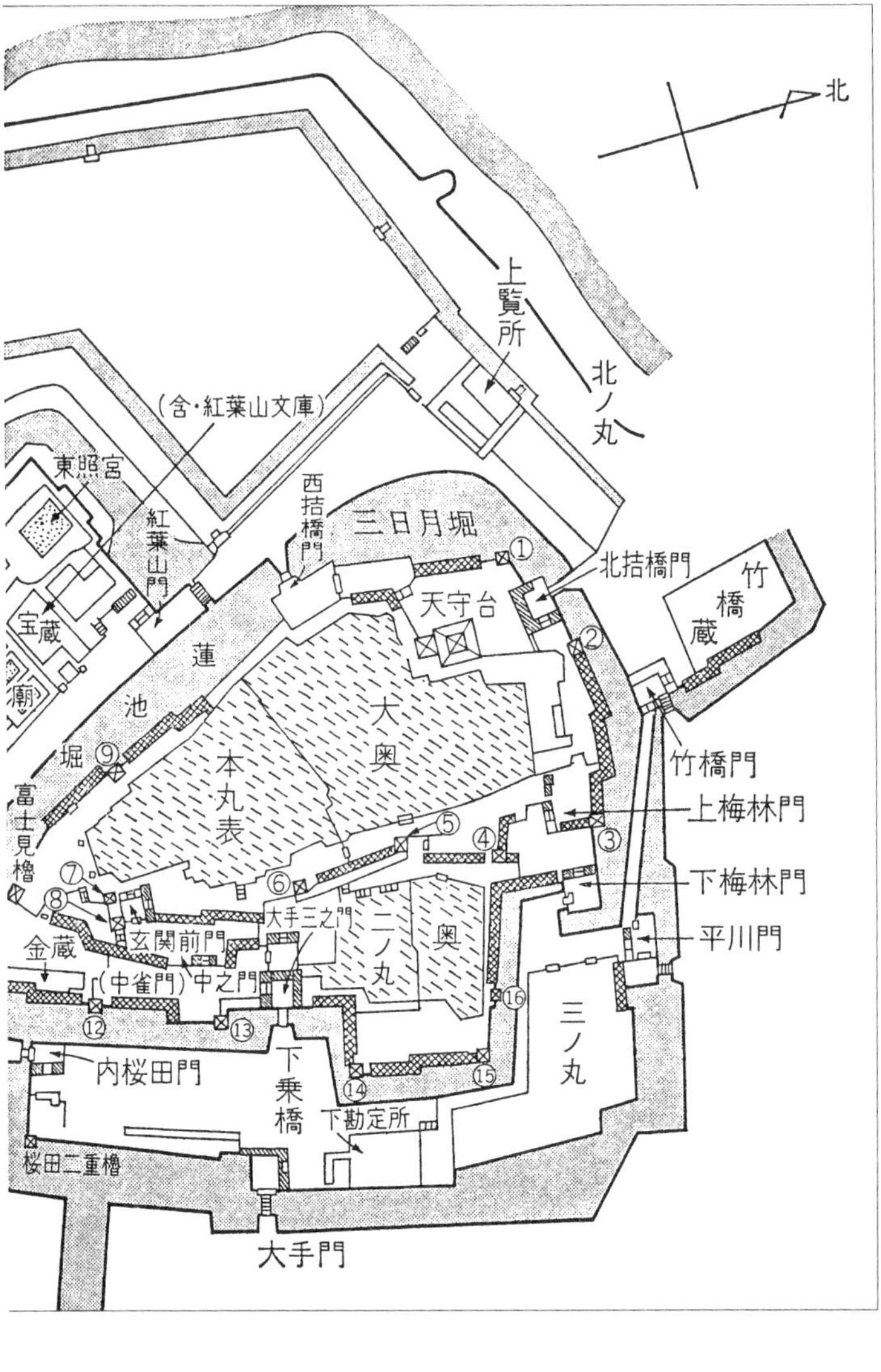
北
上覧所
北ノ丸
(含・紅葉山文庫)
東照宮
紅葉山門
宝蔵
廟
西拮橋門
三日月堀
北拮橋門
竹橋蔵
天守台
蓮池堀
大奥
本丸表
竹橋門
上梅林門
下梅林門
富士見櫓
平川門
大手三之門
二ノ丸
奥
玄関前門
(中雀門)
中之門
金蔵
三ノ丸
内桜田門
下乗橋
下勘定所
桜田二重櫓
大手門

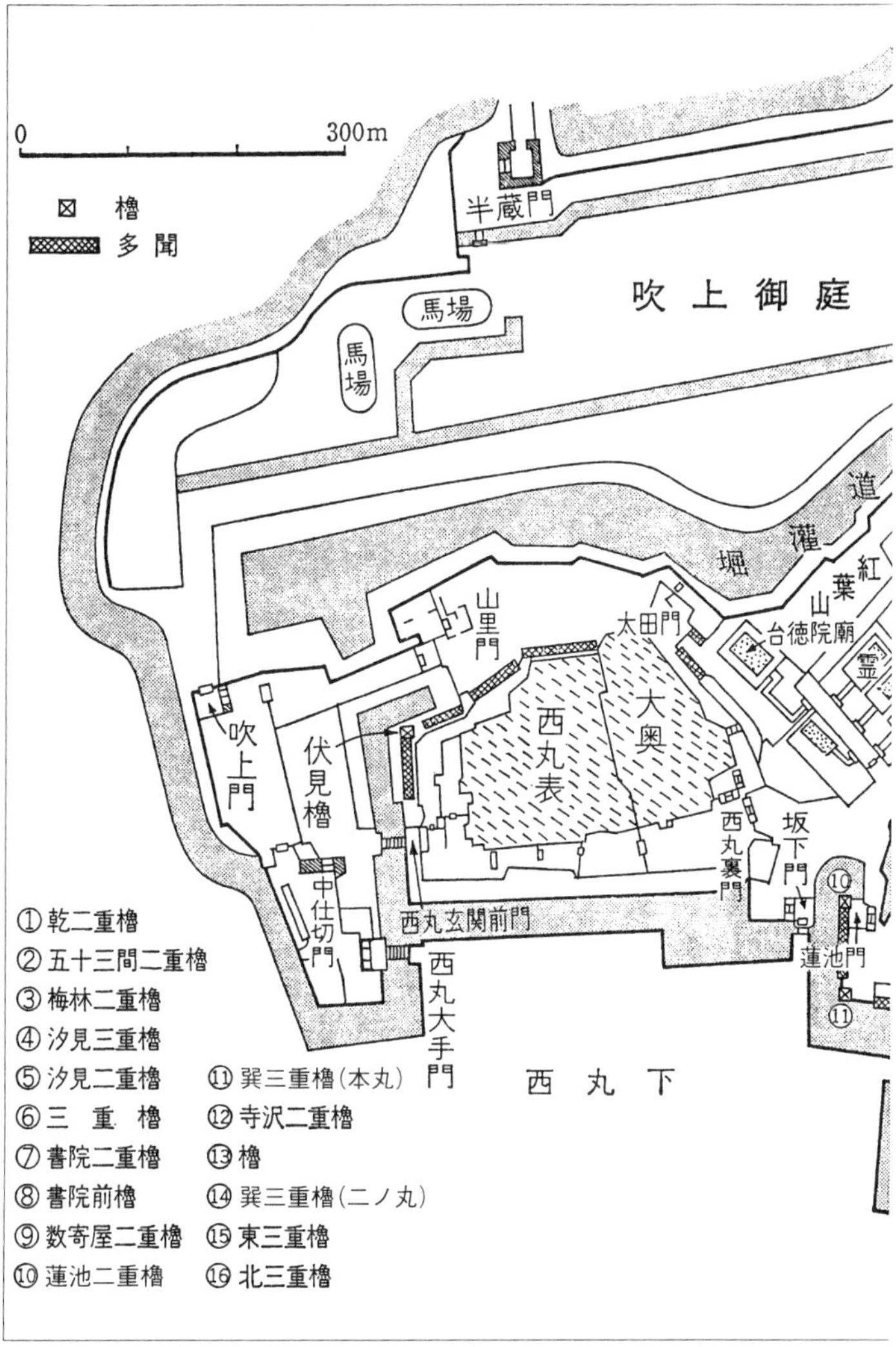


江戸城内郭の構造と建物の配置

三重は松井康重、四重は松平忠国、五重は永井直清というように、七人の大名に各階をわけて助役を命じた相当おおがかりな修築であった。

この天守閣はどのような構造であったろうか。実物は、のちにのべるように明暦の大火で焼失しているから詳細はわからないが、わずかながら記録や図面が残っているし、もと秋元家に所蔵されていた『東海道絵巻』（原本は焼け、その模本だけが東京大学史料編纂所にある）に描かれている江戸城の姿などをあわせ考えると、およその構造はわかる。

天守台は南が正面で、土台の石垣は南北二十間一尺四寸（約三十六・五メートル）、東西十八間一尺（約三十三メートル）、石垣の高さは六間（約十一メートル）あり、その上に五層の天守閣が建てられていた。天守閣の初重は坪数約三百三十六坪、二重、三重と順々にせまくなって、最上の五重目は約九十二坪である。外から眺めると、全体の感じは下から上へと各層の面積の逓減率《ていげんりつ》が規則的で、比較的差が少なく、どっしりした感じで、江戸時代のいわゆる層塔風形態の天守の典型的な姿を示している。

屋根は瓦葺きで、外側にあらわれる壁面はすべて漆喰《しっくい》で塗り込めになっていた。一番上の屋根の棟に輝く金色のシャチは、高さ一丈、横六尺五寸ほどもある雄大なもので、石垣の下から金のシャチの一番上まではかると、高さ二十八間五尺（約五十一・五メートル）もあり、日本最大の天守閣で、将軍の居城にふさわしいものであった。

この天守閣の入口を囲んで、南北約十二間、東西約十三間の小天守台があり、大天守閣に入るには、この小天守台を通らねばならなかった。

大天守閣に入ると、まず石垣の内部の穴蔵になる。この穴蔵は、深さ一丈三尺（約四メートル）、広さ百三十五坪ほどで、ここに武器や非常用の金銀がたくわえられていた。

穴蔵の上の初重以上の各層の構造は簡単で、およそ一間間隔に太い柱を建て、これに横材を組んで、いわゆる井楼形《せいろうがた》に組みあげていく。床はもちろん板張りで、各層とも外壁の内側は武者走りになっており、中央は畳が敷けるがらんとした板の間になっているだけであった。

織田信長の安土城天守閣には、内部の各層に座敷をもうけ、その襖《ふすま》を巨匠狩野永徳《かのうえいとく》らの金地濃彩の画で飾るという豪華な居住設備があり、また外観にしても、安土城のみならず秀吉の大坂城も屋根の軒瓦に金箔をぬり、天守閣の最上層には華麗な装飾をほどこした高欄《こうらん》が取りつけられていたが、江戸城にはそのようなものはまったくなかった。

これら大坂城、安土城、江戸城三城の天守閣の相違は、天守閣建築そのものの時代的様式の差であるが、一方では、この三人の覇者の性格の相違をあらわしているともいえよう。

## 天守閣炎上

明暦三年正月十八日の出火は、翌十九日にいたってもやまず、焼けぼこりが吹き立ち、さながら暗闇のようである。そのうち牛込方面にまた火の手がおこり、麴町《こうじまち》など城の西側からも火が迫り、城内に飛火する危険が迫ってきたので、私は城内にもうけてある石細工小屋に引火するのを恐れて見廻りにでかけた。

城に行くと、大手の橋前は藤堂大学様じきじきの御出馬で、数百人の鉄砲持や槍持が警固にあたっており、そのほか譜代の御大名方が堀端にすきまなく詰めよせ、火事沙汰とは思われぬほどものものしい光景であった。

城中に入り、危険な小屋はこわしておいて大手の方に出ようとすると、はや城中に延焼したらしく、あたりが次第に暗くなり、人々は提灯をつけて通行するようになった。そのうちところどころの櫓に置いてある鉄砲の火薬に引火したらしく、天地に響くような音がし、櫓がすさまじい音を立てて焼け落ち、立ちこめる煙のなかからめらめらと燃える火がみえるなど、言葉にあらわせぬほどの物凄さになった。

上様（四代将軍家綱）も蓮池御門の方へ移られる様子で、おびただしい人の足音が聞こえ、御女中方もみな後先になって西丸の方へ行く様子である。本丸、二ノ丸に詰める人々もみな西丸の方に行くので、自分もまず西丸御台所御門の下まで出た。しかし本丸南方の多聞や富士見櫓まで燃えてきたときには、熱さにたまりかねてようやく坂下門外までのがれ出た。

この江戸城罹災の光景は、当時江戸で名人とよばれた石工棟梁亀岡久兵衛の子、亀岡石見《いわみ》入道《にゆうどう》宗山《そうざん》の明暦大火体験記の一節である。

明暦三（一六五七）年正月八日におこった大火、俗に振袖火事《ふりそでかじ》とよばれるこの火事は、江戸市街の六割以上、大名の邸宅五百余、神社仏閣三百あまりを焼き、さらに死者十万をこえる未曾有の大災害を江戸にもたらした。

江戸城では、天守閣の二重目の窓が火災によって生じたつむじ風で自然に開き、これが火を吸いこんだため、まっ先に天守閣が火焰に包まれた。これをきっかけに本丸、二ノ丸をはじめ、城中の主な建物すべてが丸焼けになったが、途中で風向きがかわったので西丸殿舎だけが罹災をまぬがれた。

将軍家綱は、ただちに焼けおちた天守閣の再建にとりかかり、加賀の前田家に天守台石垣普請を命じた。前田家では家臣の知行高に配当して銀四千貫目を提供させ、領内から五千人の人夫を徴用して江戸へよびよせ、土砂や石を運搬するための大八車五百台を作らせたという。また石垣工事にたくみな近江の穴太《あのう》の石切大工も多数よびよせた。

焼けた天守台石垣の石材は、前にも述べたように伊豆産である。しかし火で表面が傷んでしまっているのでこれを全部取り替え、土中に埋める基礎の部分に使用するか、あるいはほかの石垣工事に転用するようにして、表面に出るのは全部新しい御影石にした。現在残っている石垣はこのとき修築したものである。

この工事のとき天守の石垣をとりのけたところ、石垣内の穴蔵に貯えてあった金銀の融けた塊がたくさん出てきた。これを拾って本丸まで運んだところ、かますに何千俵もあり、土に混った砂金も相当あったが、これをいちいち拾っていては工事が遅れるので、前田家では老中に連絡してそのまま全部埋めてしまい、すみやかに工事を仕上げたという。

この話が本当ならば、今も天守台跡の石垣の下の土中には、相当金銀が含まれていることになる。随分鷹揚《おうよう》な話だが、当時は家康以来の貯蔵金銀が豊富にあった時代であるから、案外本当のことかもしれない。

石垣完成に続いて天守閣再建の案が議せられたとき、将軍家綱の叔父にあたり、補佐役でもあった保科正之《ほしなまさゆき》が、「天守は今やさほど重要ではない。ただ遠くまで見渡すためだけに莫大な財貨を使うのは無駄だし、武家も町人も火災後の復興工事に人手のいる時期だから、当分沙汰やみにすべきである」と主張した。

後年、新井白石が、城の体裁をととのえるために、やはり天守閣は必要だと再建計画をたてたこともあったが、これも白石の失脚によって実現を見ずに終わった。

こうして石垣だけは立派に復旧したが、天守閣はついに再建されなかった。

保科正之のいうように、天守閣に軍事的意義がなかったかどうかは別として、幕藩体制が確立し、戦乱の危険性はすでにうすくなっていたこのころでは、軍事的な城郭そのものが重要性を減じ、徐々に巨大な行政府としての色彩を強くしていく。

しかし封建的な専制政治は、将軍個人の絶対的権威と一体のものであるため、将軍の生活の場である居宅と政庁とは、徳川幕府の存続するかぎり、ついに分離されることはなかった。

## 大名屋敷の強制疎開

明暦大火の惨害の大きさにこりた幕府は、大火後の復興計画、とくにその中心になる都市計画について種々の工夫をこらし、火災防止策を講じた。

罹災直後の正月二十七日、大目付の北条安房守正房、新番頭の渡辺半右衛門綱貞が『御城内江戸町中侍屋敷之絵図』の作成を命ぜられたのは、この復興計画の基礎作業として正確な地図を必要としたからである。

この地図の実測には測量家の金沢清左衛門があたった。清左衛門の測量術、当時の言葉でいう規矩《きく》術《じゅつ》はオランダ流のもので、これまでにない正確なものであった。のちに北条正房の意見により、江戸城の部分を空白にして書肆《しょし》遠近道印《おちこちどういん》（藤井半知《はんち》）の手で板行された『寛文江戸図』と呼ばれるものがこれである。

江戸城内では、城内吹上にあった尾張、紀伊、水戸の御三家の屋敷は、城内に宏壮な邸宅があれば引火しやすく危険だからというので取り払われ、城外に移されることになった。このため尾張、紀伊両家は麴町に、水戸家は小石川に屋敷地が与えられた。

屋敷を城外に移されたのは、御三家だけではなかった。常盤橋、辰ノ口、竹橋、北丸代官町、雉子橋など、城の北側から東にかけての近接地域の大名屋敷も移転を命ぜられた。したがってこの地域にかなり広い明き地ができ、これが火除地《ひよけち》に指定された。とくにこの地域に重点をおいたのは、冬の北西季節風を考慮してのことと思われる。

もちろん江戸城の建物を多少整理したぐらいでは、火災防止ができるわけではないから、江戸市中にも手がうたれた。大火を防ぐには第一に延焼を防止しなければならない。それには家なみの混雑緩和が必要である。そこでまず、京橋木挽町《こびきちょう》の東の海洲を埋めたて、また隅田川の東岸の本所《ほんじょ》、深川辺をひらき、町なかでは赤坂溜池辺の湿地を埋めるなど、市街地造成をおこなった。

町地をひろげる一方、神田、日本橋など町なかにある社寺を浅草、駒込、芝、目黒などに移した。現在でもこの地域に寺が多いのはこのためである。さらに一部の町民を武蔵野に疎開移住させ、農業をさせることもおこなった。吉祥寺（武蔵野市）、連雀《れんじゃく》（三鷹市）などは、このとき開かれた新田村である。

第三番目には町なかに防火地帯をつくった。上野広小路をはじめ市内各所にもうけられた広小路や、松を植えた火除土手がそれである。

江戸城内の大名屋敷取り払いは、このような総合計画の一環にすぎなかったが、江戸城をとりまく譜代、外様の大名屋敷の配置には、それ相当の軍事的、政治的理由があったため、その配置を変更するのはかなり重大なことであった。それをあえて幕府が実行したのは、火災の恐怖もさることながら、すでに幕府創業以来、半世紀がすぎて支配体制がゆるぎないものとなり、江戸城の防備態勢を緩和しても大丈夫という判断がうまれたからであろう。天守閣の非再建もその端的なあらわれであり、このころから江戸城の軍事性はより減少し、幕府政庁としての性格の面が強化されていったのである。

# 7　城内の諸役所

## 一万坪の大御殿

江戸城内の殿舎はどのようになっていたのであろうか。城の正面大手門を入り、大手三之門（極楽門ともいう）、中之門を経て中雀門（書院門、玄関前御門ともいう）をくぐると本丸御殿の玄関前に出る。

本丸御殿は慶長十一（一六〇六）年に本格的な建築がおこなわれたが、以来五回炎上焼失し、改築を加えると七回も建てかえがおこなわれた。そのたびに規模や間取りに若干の変化はあったが、基本的な殿舎の形式はもとのままを踏襲したといわれる。

この本丸御殿は、建物使用の便利上、表向《おもてむき》、中奥向《なかおくむき》、大奥《おおおく》の三つに大きく区別されていた。

表向は、謁見そのほかの儀式がおこなわれる御殿や、日常諸役人がつめて政務をとる幕府の中央官庁であり、中奥は将軍が起居したり政務をみたりする将軍公邸、大奥は将軍の夫人、いわゆる御台《みだい》所《どころ》を中心に後宮の女官が生活する場所で、将軍の私邸にあたる。

表向と中奥は連続の建物で区切りはないが、中奥と大奥は御鈴廊下《おすずろうか》とよばれる廊下によって連絡されている。あいだには厳重な塀があり、将軍以外の男子はだれも大奥に入ることを厳禁されていた。

料金受取人払郵便

本郷局承認

4887

差出有効期間
2023年7月
31日まで

郵便はがき

113-8790

東京都文京区本郷7丁目2番8号

吉川弘文館 行

愛読者カード

本書をお買い上げいただきまして、まことにありがとうございました。このハガキを、小社へのご意見またはご注文にご利用下さい。

お買上**書名**

＊本書に関するご感想、ご批判をお聞かせ下さい。

＊出版を希望するテーマ・執筆者名をお聞かせ下さい。

お買上書店名　　区市町　　書店

◆新刊情報はホームページで　http://www.yoshikawa-k.co.jp/

◆ご注文、ご意見については　E-mail:sales@yoshikawa-k.co.jp

| | | |
|---|---|---|
| ご氏名《ふりがな》 | 年齢　　歳 | 男・女 |
| 〒□□□-□□□□ ご住所 | 電話 | |
| ご職業 | 所属学会等 | |
| ご購読新聞名 | ご購読雑誌名 | |

今後、吉川弘文館の「新刊案内」等をお送りいたします(年に数回を予定)。
ご承諾いただける方は右の□の中に✓をご記入ください。　□

# 注文書

月　日

| 書名 | 定価 | 部数 |
|---|---|---|
| | 円 | 部 |
| | 円 | 部 |
| | 円 | 部 |
| | 円 | 部 |
| | 円 | 部 |

配本は、○印を付けた方法にして下さい。

イ. 下記書店へ配本して下さい。
(直接書店にお渡し下さい)
(書店・取次帖合印)

書店様へ＝書店帖合印を捺印下さい。

ロ. 直接送本して下さい。
代金(書籍代＋送料・代引手数料)は、お届けの際に現品と引換えにお支払下さい。送料・代引手数料は、1回のお届けごとに500円です(いずれも税込)。

＊お急ぎのご注文には電話、FAXをご利用ください。
電話 03−3813−9151(代)
FAX 03−3812−3544

（ご注意）

・この用紙は、機械で処理しますので、金額を記入する際は、枠内にはっきりと記入してください。また、本票を汚したり、折り曲げたりしないでください。

・この用紙は、ゆうちょ銀行又は郵便局の払込機能付きＡＴＭでもご利用いただけます。

・この払込書を、ゆうちょ銀行又は郵便局の渉外員にお預けになるときは、引換えに預り証を必ずお受け取りください。

・ご依頼人様からご提出いただきました払込書に記載されたおところ、おなまえ等は、加入者様に通知されます。

・この受領証は、払込みの証拠となるものですから大切に保管してください。

収入印紙
課税相当額以上
貼　　付
印

## この用紙で「本郷」年間購読のお申し込みができます。

◆この申込票に必要事項をご記入の上、記載金額を添えて郵便局でお払込み下さい。

◆「本郷」のご送金は、４年分までとさせて頂きます。

※お客様のご都合で解約される場合は、ご返金いたしかねます。ご了承下さい。

## この用紙で書籍のご注文ができます。

◆この申込票の通信欄にご注文の書籍をご記入の上、書籍代金（本体価格＋消費税）に荷造送料を加えた金額をお払込み下さい。

◆荷造送料は、ご注文１回の配送につき500円です。

◆キャンセルやご入金が重複した際のご返金は、送料・手数料を差し引かせて頂く場合があります。

◆入金確認まで約７日かかります。ご了承下さい。

## 振替払込料は弊社が負担いたしますから無料です。

※領収証は改めてお送りいたしませんので、予めご了承下さい。

**お問い合わせ**　〒113-0033・東京都文京区本郷７―２―８
吉川弘文館　営業部
電話03-3813-9151　FAX03-3812-3544

この場所には、何も記載しないでください。

02 東京

# 払込取扱票

通常払込料金加入者負担

| 口座記号番号 | 金額 |
|---|---|
| 00100－5－244 | 千 百 十 万 千 百 十 円 ※ |

| 加入者名 | 料金 | 備考 |
|---|---|---|
| 株式会社　吉川弘文館 | | |

各票の※印欄は、ご依頼人において記載してください。

ご依頼人・通信欄

| | |
|---|---|
| フリガナ | |
| ※お名前 | |
| 郵便番号 | 電話 |
| ※ご住所 | |

※

**〈この用紙で書籍代金ご入金のお客様へ〉**
代金引換便、ネット通販ご購入後のご入金の重複が増えておりますので、ご注意ください。

◆「本郷」購読を希望します

購読開始　　号　より

1年　1000円（6冊）　3年　2800円（18冊）
2年　2000円（12冊）　4年　3600円（24冊）
（ご希望の購読期間に○印をお付け下さい）

日附印

裏面の注意事項をお読みください。（ゆうちょ銀行）（承認番号東第53889号）

これより下部には何も記入しないでください。

切り取らないでお出しください。

記載事項を訂正した場合は、その箇所に訂正印を押してください。

# 振替払込請求書兼受領証

| | |
|---|---|
| 口座記号番号 | 00100－5－244（通常払込料金加入者負担） |
| 加入者名 | 株式会社　吉川弘文館 |
| 金額 | 千 百 十 万 千 百 十 円 ※ |
| ご依頼人 | おなまえ ※　　様 |
| 料金 | |
| 備考 | |

日附印

この受領証は、大切に保管してください。

このような構成の本丸御殿の模様は、現存する絵図類などによっても知ることができる。東京都立中央図書館には、幕府の御用大工頭であった甲良家《こうらけ》の絵図面が多数所蔵されており、この方面の研究のための貴重な宝庫である。

**中雀門**『徳川覇府江戸三十六城門画帖』より 枡形の渡り櫓門をとおして本丸をみた図. 正面奥にみえるのは表御殿玄関

そのなかに『寛永度御本丸絵図』と題する図がある。図面そのものは後世の写しと思われるが、この図には中奥と大奥をつなぐ御鈴廊下が一本しかついていない。御鈴廊下が二本になったのは明暦以後のこととされているから、この図面はすくなくとも明暦大火で焼失するまえの建物、すなわち寛永十七（一六四〇）年に再建された本丸建物の絵図ということになり、大変貴重なものである。

この寛永本丸図と幕末の弘化《こうか》二（一八四五）年に再建が完成した本丸図（原所蔵は同じく甲良家、現所蔵大熊文庫）とを比較してみると、多少の変化がある。御鈴廊下をはじめ、中奥にもうけられている能舞台の位置が違っていたりしているが、しかし、建物全体の規模といい、主要な部屋の配置など、基本構造はほとんど同じである。

弘化二年に再建された本丸御殿の建築面積は、表向、中奥

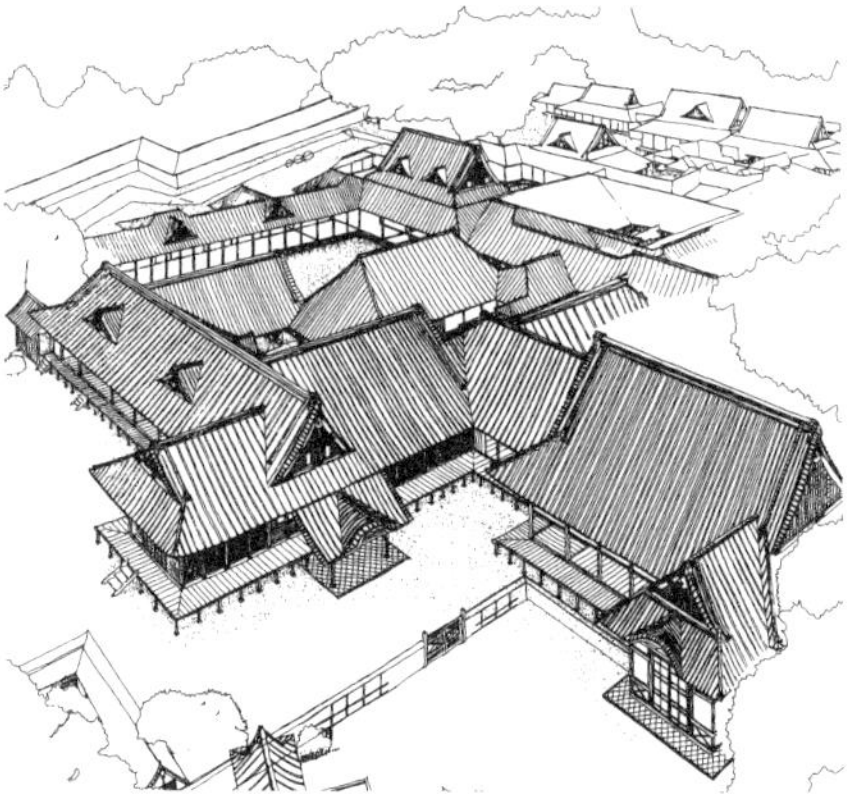

**本丸表大広間復原鳥瞰図**　右下が玄関，中央上の高い屋根が白書院（『江戸城』「日本名城集成」小学館より．復原・西和夫，作図・渡辺勝彦）

あわせて四千六百八十八坪、大奥六千三百十八坪、その他あわせて合計一万一千三百七十三坪とされている。一万坪をこす規模の宏壮豪華な建物が、すでに十七世紀前半に完成していたことになり、まことに驚くほかない。

殿舎の主要な建築は、いずれも江戸時代初期の書院造りを整備したもので、上段の間には床《とこ》、違棚《ちがいだな》、附書院《つけしょいん》、帳台構《ちょうだいがまえ》の設けがあり、障壁には狩野派など幕府御用絵師の筆になる花鳥、山水、人物図などがえがかれていた。

表御殿のなかでもっとも重要な書院である大広間は、寝殿造りの主殿に相当する構えで、常盤様《ときわよう》と称する鎌倉武家の殿舎の形式をとった建物といわれる。正面には大棟の入母屋《いりもや》風《ふう》の妻《つま》をあらわし、その下方に唐破風《からはふ》の車寄《くるまよせ》をもうけ、車寄にならんで実検窓《じっけんまど》というのぞき窓がつけてあった。この窓は、将軍の命によって討滅された叛徒の首が上覧に供された場合、将軍はこの窓の内にきて、立ちながらその首を左の眼尻にかけて実検し、「南天の手水《ちょうず》、太布《たふ》の手拭の儀式（南天の葉で手をきよめ、ぬぐう儀式）」をおこなうという武家の故実《こじつ》からつくられたものであるという。そのほかすべてに細かい故実があり、これらの建物の規模、形式が代々踏襲された。

本丸御殿はすべて白木造りであったが、本丸大台所だけは外部を朱塗りにし、欄間《らんま》の彫刻には彩色をほどこしてあったという。

西丸には大御所あるいは将軍世子の住む西丸御殿があった。この御殿もやはり表向、中奥、大奥の三つにわかれ、本丸御殿とほとんど同じ構造につくられていた。ただその規模は本丸より小さく、建坪総計は六千五百七十四坪あまりである。

二ノ丸、三ノ丸にも相当大規模な御殿があり、これも表と奥からなっていた。二ノ丸御殿は、最初は用途に応じてそれぞれにあてられたが、のちには将軍の侍妾である御手付中﨟《おてつきちゅうろう》が晩年をすごす御殿であったといわれる。三ノ丸御殿はその規模がもっとも小さく、五代将軍綱吉《つなよし》が幼年時代をここですごしたこともあったが、その後こわされてしまった。

### 身分格式による座敷割り

もっとも諸制度のととのっていた本丸御殿は、「何之間」とよばれる座敷と、「何部屋」とよばれる役人の事務室、これらの部屋をつなぐ大小無数の廊下からなりたっていた。廊下といっても板張廊下ばかりではなく、書院に附属する入側《いりがわ》、すなわち畳敷の通路が非常に多い。これらの部屋に、多数の幕臣が諸役人として、あるいは番士として勤務していた。

幕臣の役職は、大きく分けると役方と番方の二つになる。

役方とは、老中、若年寄、以下各奉行、その属僚にいたるまでの一般にも知られている諸役人で、これは行政官吏、すなわち事務職である。それに対して番方は、大番、書院番、小姓組、新番、小《こ》十人組《じゅうにんぐみ》など、いわゆる五番方の諸組に代表される軍隊、すなわち武官である。しかし世の中は太平で戦争など考えられず、したがって彼らの平常の仕事は、城中の定められた場所に詰めて警衛にあたり、将軍の出遊のときにはこれに随行することなどが主な仕事であった。

大番組は、大坂城と二条城に交替で勤番する大役があったため、江戸城の本丸勤めはなかったが、そのほかの組は本丸御殿の座敷に詰所がもうけてあった。

それでは間取図をたよりに御殿の中に入ってみよう。

表御殿の座敷からみてみると、玄関を入り、入側《いりがわ》をこえると遠侍《とおざむらい》、次之間、殿上之間と三つの部屋がある。遠侍の部屋は、襖に牡丹《ぼたん》と獅子の絵が描いてあるので、獅子之間ともよばれ、御徒《おかち》の詰所になっている。それをさらに左に進んでゆくと、書院番の詰所の虎之間である。この虎之間から奥に入ると右側が蘇鉄之間《そてつのま》、左側が大広間になっている。

大広間は、幕府の重要な公式行事のおこなわれる座敷で、殿中でもっとも重要な部屋の一つである。鎖国日本の唯一の通商国であったオランダの長崎商館長、いわゆるオランダ甲比丹《カピタン》が登城して将軍に謁見したのも、この大広間であった。上段、中段、下段、二之間、三之間、四之間、溜之間《たまりのま》、医師溜

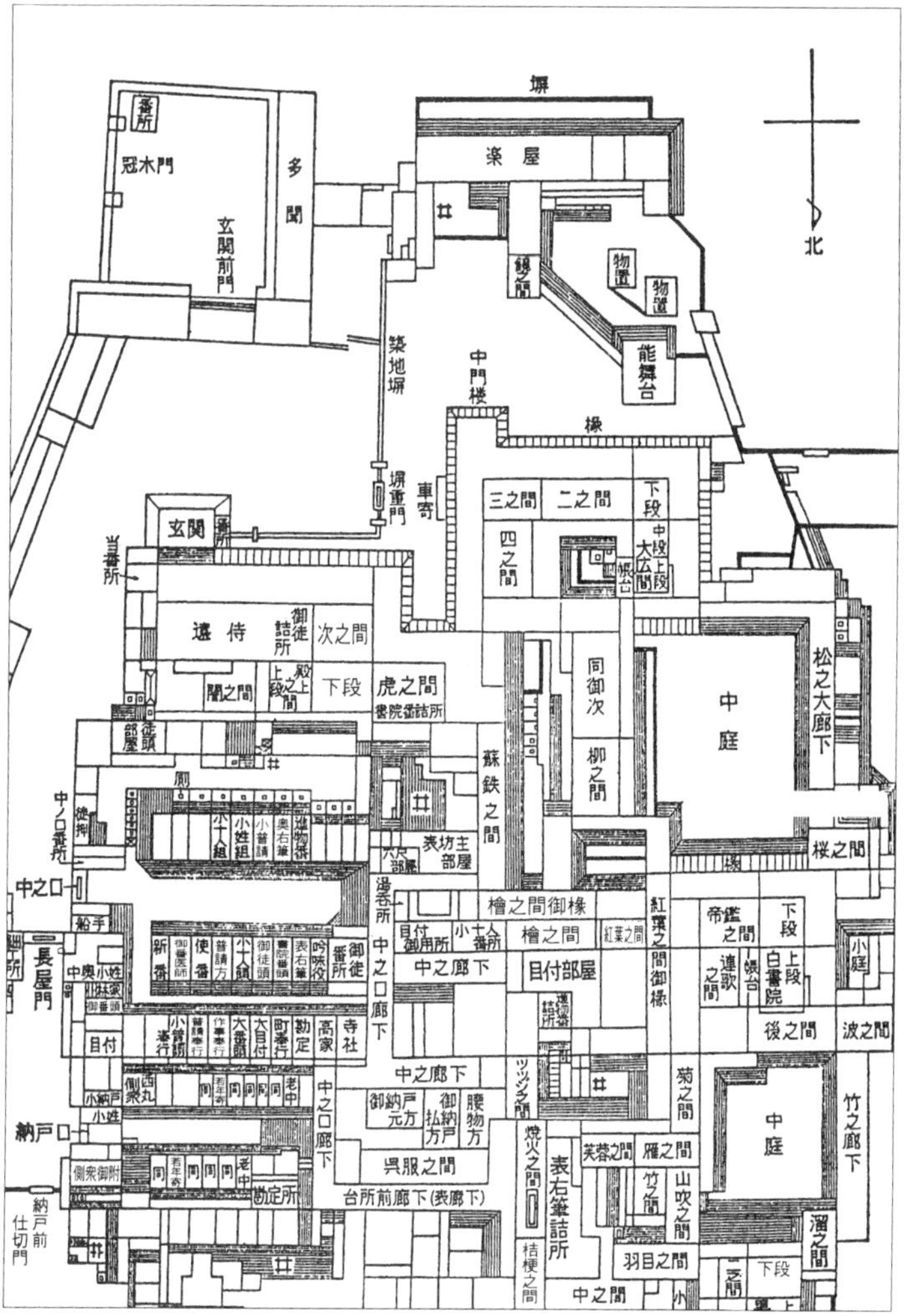


⬇（125ページの中奥間取図の左側に続く）

万治2年再建本丸御殿表向間取図

の各部屋にわかれ、畳数も多く、合計四百畳をこすので、俗に千畳敷ともいわれている。

虎之間と大広間のあいだを右に折れると蘇鉄之間で、ここは大名が登城したとき、家来の城使《じようし》という役目のものが詰めて、主人の用をしたところである。大広間の奥のうしろに広い庭がある。これにそって鉤の手にまがっている廊下が、元禄十四（一七〇一）年、浅野内匠頭長矩の刃傷《にんじよう》事件のあった松之廊下である。

松之廊下をつきあたった所に白書院《しろしよいん》がある。白書院は上段之間、下段之間、連歌之間、帝鑑之間、溜の五室からなり、畳数あわせて百二十畳ほどあった。

白書院から竹之廊下を通って奥に進むと黒書院があり、ここにも上段、下段、西湖之間、囲炉裏之間などがあるが、規模は白書院よりは小さく、合計七十八畳ほどである。白書院、黒書院は、大広間とならんで幕府の公式の儀式にもちいられる重要な部屋で、白書院が表書院、黒書院が裏書院であるから、どちらかといえば、白書院が正式の書院であったのであろう。将軍の年賀奏上に対して、天皇が京都から下向させる答礼の勅使が将軍と対面するときにも、この白書院が使用された。

白書院、黒書院の東側には、柳之間、雁之間、菊之間、芙蓉之間《ふようのま》、山吹之間、躑躅之間《つつじのま》、羽目之間、紅葉之間《もみじのま》（小姓組詰所）、檜之間（小十人組詰所）、焼火之間《たきびのま》、桔梗之間《ききようのま》など大小さまざまの座敷がならんでいる。これらの部屋は諸大名、諸役人が城中に登城してきたときの着席の場所であった。

殿中の席次の例をあげてみると、

大　廊　下――御三家（尾張、紀伊、水戸の徳川家）、連枝および前田家
大　広　間――四位以上の外様国持大名（島津、伊達、細川、黒田、浅野、毛利、鍋島、池田、藤堂、蜂須賀、山内、上杉、津軽など二十三家）
黒書院溜之間――溜詰（常詰としては、高松松平家、会津松平家、井伊家の三家）
溜之間御次――京都所司代、大坂城代
帝鑑之間――城主格譜代大名（大久保、戸田、堀田、内藤などおよそ六十家）および交代寄合《こうたいよりあい》
柳　之　間――五位以下の外様国持大名および高家《こうけ》
雁　之　間――詰衆（板倉、稲葉、青山、阿部、牧野、水野など譜代の中堅約四十家）
菊　之　間――大番頭、書院番頭、小姓組番頭など
芙蓉之間――寺社奉行、（江戸）町奉行、勘定奉行、大目付、駿府城代、奏者番その他遠国《おんごく》奉行など

となっていて、大名ではその家の家格、役人の場合には役職の上下によって着座の場所が定まり、着座の順が身分格式の上下を示すものになっていた。

このような城中での席次は、幕府創業のころは、その人物の家柄や経歴などによっておのずから定まり、慣習的なものが強く、ある程度浮動的であったと思われる。しかしのちに幕府の制度がととのい、制度、規則によって幕政が運用されるようになるにしたがって、役職のあいだに上下の格式が定

まり、その役職につく家柄が家格という形で固定してくると、席次もしだいにやかましくなった。明暦大火で焼けた本丸御殿が再建された万治《まんじ》二（一六五九）年になると、新御殿での諸士着座の席順が公式に発表され、以後時代を経るにしたがい、その規則はますます厳重で煩雑なものになった。これほどに席順をきびしく規定したのは、身分と格式によって上下の関係を規定し、階層的な秩序を維持しようとする封建政治の本質からでてきたもので、席次の決定そのものが大名統御の政治の一面であったわけである。

## 火箸で密談する御用部屋

黒書院から御成《おなり》廊下をへだてたすぐそば、中奥との境に接して御用部屋がある。ここは老中、若年寄の執務する場所である。

大老が設けられているときは、老中部屋の上座を屏風のような太鼓《たいこ》張《ば》りの障子で二つに仕切り、大老もここで執務した。したがって、御用部屋には幕閣の最高首脳部があつまり、幕政の最高方針はすべてここから打ち出された。

御用部屋の中には炉がきってある。これは重要な事件を密談するとき、秘密の洩れるのを防ぐため、炉の灰の上に字を書いて相談するというところから設けたもので、灰は椿灰をもちい、火箸は数本そなえておくのが故実だという。

幕府政治のはじめのころは、このような御用部屋はとくにもうけられず、重臣たちは将軍の居室の近くの部屋にあつまり、諸事を相談、決裁し、これを奉行所といった。

のちに中奥の将軍の居室である御座之間の三之間がその相談部屋になり、この時期には将軍と重臣たちの政務の相談も簡単におこなわれたが、貞享《じょうきょう》元（一六八四）年に、若年寄稲葉正休《まさやす》が大老堀田正俊《まさとし》をここで殺害するという刃傷がおきたため、万一の危険をさけ、以後将軍の居室からはなして御用部屋をもうけるようになった。

御用部屋にすぐ接して奥右筆《おくゆうひつ》、少しはなれて表右筆《おもてゆうひつ》の部屋がある。右筆というのは書類作成係の書記であるから、それほど高い地位ではないが、このうち奥右筆は、いかなる諸役人も出入禁止の御用部屋に出入りができた。彼らは機密事項の調査にあたるなど、老中の政務をたすける役目であったので、幕閣の隠れた実力者であったが、とくに営繕、土木に関する助役をどの大名に命ずるかの選定は、事実上、奥右筆によって決められるようなもので、関係各方面からの運動もはげしかった。また、あらかじめ進物をそえて挨拶をしていないと、申請書類などは書類箱にいつまでも放置されたままになるので、この書類箱を「地獄箱」と称してみな恐れたという。

奥右筆への進物についてこんな話がある。文政十一（一八二八）年から数年間奥右筆組頭をつとめた船橋勘左衛門という人物が、あるとき人から夜食の料にでもと、八百善《やおぜん》の料理切手を贈られた。

八百善は当時、江戸で名の知れた最高級の料理屋であるが、夜食の切手というのでたいして気にもとめず、彼はこれを自分の用人にあたえた。用人が喜んで同僚一人と八百善にゆき、この切手で料理を食べたところ、さまざまの珍味佳肴《かこう》が出た。飽きるまで飲みかつ食べて帰ろうとしたところ、八百善は、この切手ではまだ料理が出るから、帰るのならすでにできた分は土産にし、のこりは金でお返ししましょうという。

やがて持ってきたのを見ると、御膳籠一荷に一杯ご馳走をつめ、さらに金十五両がそえてあった。察するところ、恐らく五十両以上もする切手だったと思われたので、用人も驚いて主人に報らせたところ、勘左衛門もそれほど手厚い品とは知らなかったとびっくりしたという。

表右筆は奥右筆とことなり、機密文書はあつかわない。表向の日記を記したり、幕府が発行する公文書を作成するのが役目であった。将軍の印、いわゆる朱印、黒印の類を保管したのも彼らである。溜之間詰の大名の部屋である黒書院のそばの溜之間（松溜《まつだまり》とよぶ）も、重要な部屋であった。溜之間詰は会津松平、高松松平の両家と井伊家が代々その家筋とされたが、長年老中をつとめて功労のあった者もいれられ、いわば将軍の顧問格にあたる。老中が将軍に謁して政務を言上するのは黒書院で、そのときこの部屋が控え室になるので、おのずから政治向の諮問をうけることにもなった。

そのほか、営中に役向の部屋は数多いが、目付の勤務する目付部屋も重要なものである。この部屋は、白書院と黒書院のあいだの東側、小姓組が詰める紅葉之間に接している。

目付は若年寄の支配に属し、旗本以下の幕臣を監察するのが任務である。日常の職務は、御用部屋から廻ってくる諸役人からの伺書、願書などに目をとおしてこれに意見を付し、また殿中を巡視し、あるいは評定所《ひようじようしよ》の評議にも列席するなど、きわめて広範囲で多忙であった。

このような役柄のため、勤務にあたっては規則を固くまもった。道を通るにも、歩道がつけてあるところは必ずそこを通り、斜めに近道などせず、殿中の目付部屋に入るときは紅葉之間の前で一度大きく咳払いしたので、これを聞くと部屋の中の番士の気分が一度にピリッとひきしまったという。

御用部屋をはじめ各所の詰所に入るのには、いつも正式の玄関から入るわけではない。式日などのときは、脇玄関ともいうべき入口から入る。

玄関の右側を通って進むと左側に中ノ口《なかくち》があり、さらに正面の御長屋門《おながやもん》を入ると左側の中ノ口とならんだ位置に御納戸口《おなんどぐち》がある。この中ノ口と御納戸口がいわば脇玄関にあたる殿中への入口であった。もっとも、どちらからでも勝手に入ってよいのではなく、中ノ口と御長屋門には、その口から入るべき役職名をしるし、「右之外出入り有るべからず」と書いた掛札が下げてあったようである。

中ノ口、御納戸口どちらの場合も、入口を入ると中は正面突き当たりまで十三間半の長い土間である。そしてその両側には十前後の小部屋がならんでいる。元禄、享保のころの図面をみると、御納戸口の方には、老中（九室）、若年寄（四室）、側衆、西丸側衆、小姓、小納戸など、中ノ口の方には寺社奉行（奏者番と同室）、高家《こうけ》、勘定奉行、町奉行、大目付以下三十あまりの諸役人の部屋がならんでいた。これらの部屋は詰所ではなく、いわば控室で、登城してきた者たちが身なりをととのえたり休息したりする場所であった。

中ノ口にはまた、正月、四月、九月の三季にお張紙《はりがみ》が貼りだされた。幕臣に支給される俸禄米を金に換算する公定相場表で、家計のやりくりに追われる旗本、御家人たちにとってはとくに関心の深いものである。このため中ノ口の廊下を俗に張紙廊下ともよんだ。

## 将軍の居間と側用人

享保の改革を断行して幕政のたて直しをはかった八代将軍吉宗《よしむね》は、幕府にとって中興の名君とされる人物であった。しかし彼の長子、九代将軍家重《いえしげ》は多病で暗愚、また吃音で言語が不明瞭なため他人には何を言っているのか理解できなかった。だが、近侍の大岡忠光《ただみつ》だけは不思議によくこれを理解し、他への伝達役を勤め、暇があれば自分も物まねなどして慰めたので、忠光は家重の無二の寵臣となり、異例のスピード出世をして側用人《そばようにん》に取り立てられ、権勢をふるったという。

これは極端な例だが、将軍が個人的に信任する側近を取り立てておこなう側用人政治というものの本質の一面を、よくあらわしてもいる。

中奥は本来は政庁ではなく、将軍の生活する場所であったが、十七世紀の末のころから、側近勢力の登用による将軍の独裁権の強化がおこなわれるようになると、ここが側近政治の舞台になったこともしばしばあった。

中奥での重職は側衆である。側衆は将軍の居室である御座之間の三之間を詰所として、つねに将軍に近侍しているいわば侍従職である。その職務は主として中奥向の庶務処理であるが、政務としては、

# 吉川弘文館

## 新刊ご案内　2021年9月

〒113-0033・東京都文京区本郷7丁目2番8号　振替 00100-5-244（表示価格は10％税込）
電話 03-3813-9151（代表）　ＦＡＸ 03-3812-3544　http://www.yoshikawa-k.co.jp/

猫って、ずっと可愛がられていた訳じゃなかったんだ…。あなたの知らない「ちょっと昔の猫」の話。

## 猫が歩いた近現代
### ——化け猫が家族になるまで

Ａ５判・二三二頁

真辺将之著
二〇九〇円
〈2刷〉

化ける・祟《たた》ると恐れられた猫は、どのように今日の地位を獲得したのか。文豪に愛されネズミ駆除で重宝される一方、三味線や毛皮用にも使われた猫たちへのまなざしの変化を描き、人間社会に猫の歴史を位置づける。

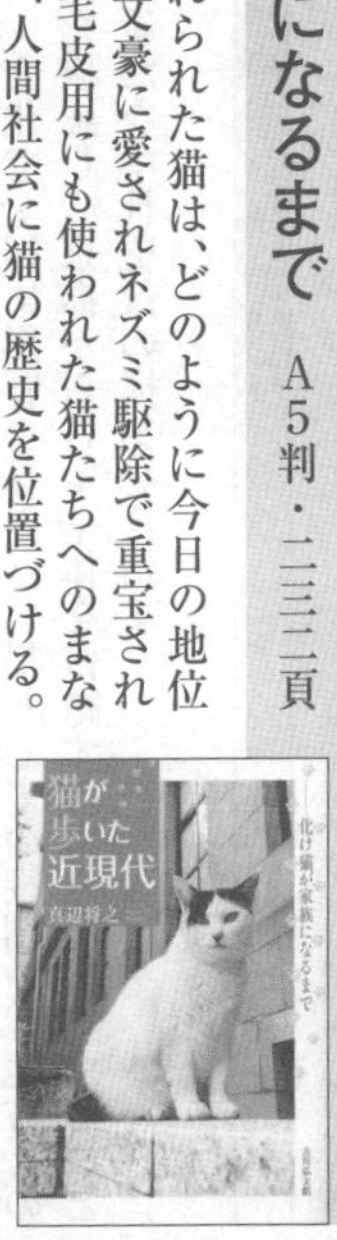


## 光源氏に迫る
### 源氏物語の歴史と文化

Ａ５判
二〇八頁

宇治市源氏物語ミュージアム編
二四二〇円

時を越え、世界中で読まれ続ける『源氏物語』。主人公をキーワードに、歴史・文学・美術など多様な切り口からアプローチ。その生涯や恋愛模様のほか、紫式部の生きた時代に迫り、物語の舞台になった平安王朝へ誘う。

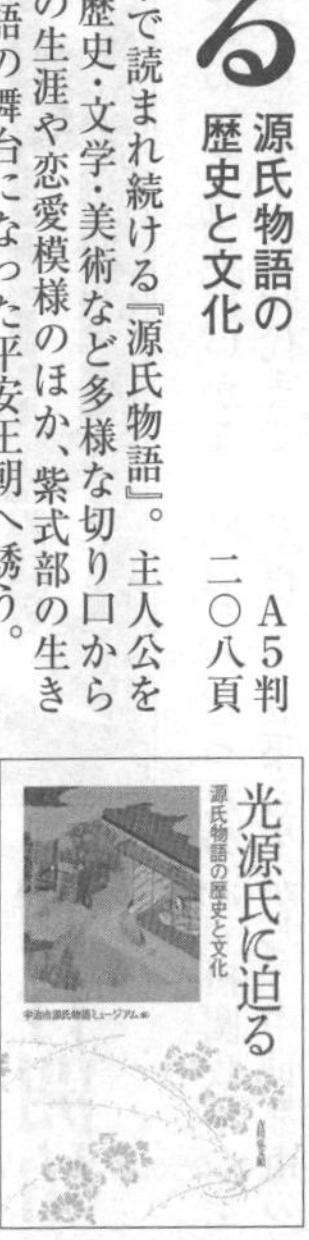


## 『一遍聖絵』の世界

五味文彦著
二二〇〇円

踊念仏で知られる一遍の生涯を描いた国宝『一遍聖絵』。全篇にわたって詞書に沿って構図に注目。豊富なカラー図版で一遍の足取りを辿り、これまでの研究でいまだ明らかにされていなかった絵巻の全体像と魅力に迫る。Ａ５判・一三六頁

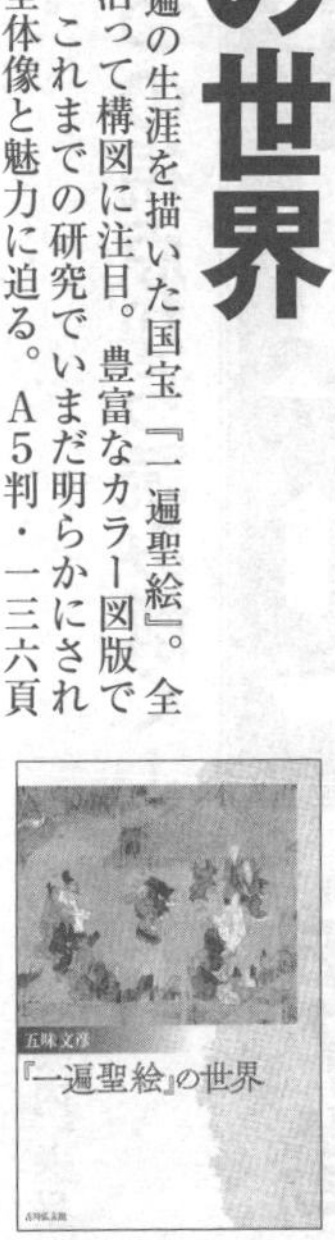

激動する〝都〟の六百年！

〈都市の歴史〉と〈首都と地域〉、2つの視点から読み解く！

# 京都の中世史

『内容案内』送呈

全7巻 刊行開始

企画編集委員　元木泰雄（代表）
尾下成敏・野口　実・早島大祐
美川　圭・山田邦和・山田　徹

四六判・平均二八〇頁・原色口絵四頁
各二九七〇円

中世において京都はいかなる歴史をたどったのか。摂関政治の全盛期から天下人の時代まで、考古学の成果も生かし、中世都市の姿を解明するとともに現代への影響にも言及する。また、政治・経済・文化で全国に影響を与えた首都としての役割や、地方との関係を検証し、京都から日本全体を俯瞰する視点を確立することで、新たな中世史像の構築を目指す。

●最新刊の2冊

## 4 南北朝内乱と京都

山田　徹著

鎌倉幕府の滅亡後、建武政権の興亡、南北朝分立、観応の擾乱と、京都は深刻な状況が続く。全国の武士はなぜ都に駆けつけて争い、それは政治過程にどのような影響を与えたのか。義満の権力確立までの六〇年を通観する。

→（117ページの表向間取図より続く）

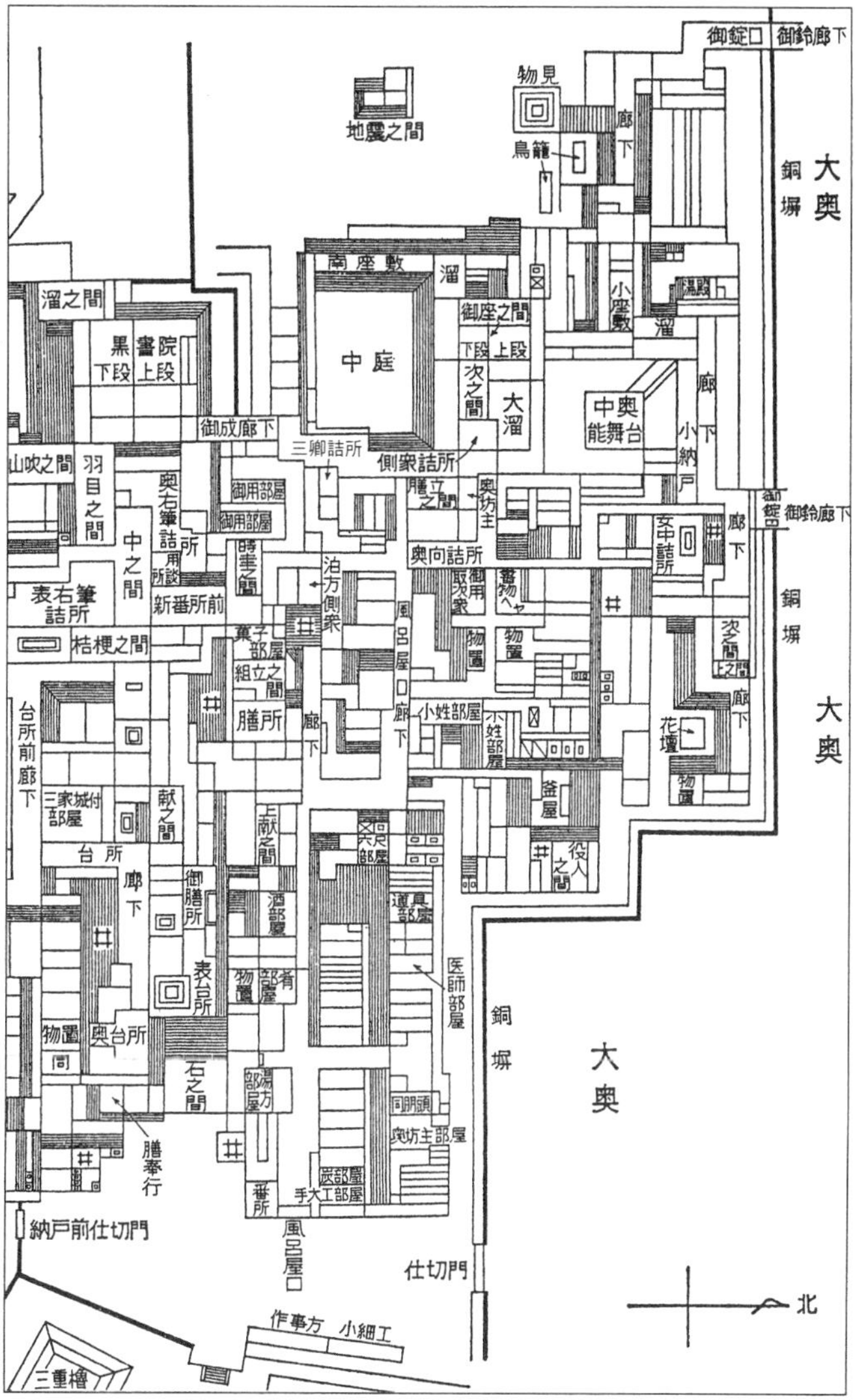


本丸御殿中奥間取図

御用部屋と将軍の間を取り次ぐという重要な地位をしめていた。貞享元年の堀田正俊刃傷事件で、御用部屋が御座之間から遠ざかると、両者の間を取り次ぐ側近の地位はいよいよ重くなった。最近の研究では、綱吉の側近政治はその就職のはじめからのことで、とくにこの刃傷事件以後のことではないとされているが、少なくとも御用部屋が将軍の居室から遠ざかったことが、側近政治に拍車をかけたことは確かであろう。

こうした側衆のうち、とくに信任の厚い者が側用人を命ぜられ、ときに老中をしのぐ権勢をふるうこともあった。五代将軍綱吉が延宝《えんぽう》八（一六八〇）年に任命した牧野成貞《なりさだ》が側用人第一号であるが、柳沢吉保《よしやす》、田沼意次《おきつぐ》、それに前述の大岡忠光など、いずれも将軍の寵をたのんで専横をきわめた人物として有名である。

中奥はこのような政治的意味をもったこともあったが、元来は将軍の日常生活を送る場所であるから、建物にもそのような特色が強くあらわれている。

中奥の将軍の居室は、昼の居間としての御座之間（上段、下段、二之間、三之間、大溜）、くつろぎの部屋としての御休息之間（上段、下段）とそれに続く御小座敷などである。これに附属して膳立之間、坊主部屋、側衆談部屋などがあり、将軍の楽しみのための中奥能舞台などもうけてある。東よりには大台所もあり、また湯殿など朝夕の生活のための諸設備もととのえられていた。

中奥の北側に広大な大奥の建物がある。中奥の建物とは銅塀で厳重にくぎられ、二本の御鈴廊下

（明暦以前は一本）だけでつながれていた。表から大奥に入るこの廊下の入口が御錠口で、原則として将軍以外の男子がここを越えることはできなかった。

　大奥はさらに御殿向《ごてんむき》、広敷向《ひろしきむき》、長局向《ながつぼねむき》の三つにわかれている。御殿向は御台所の御殿で、将軍の奥泊りのときの寝所、御台所の御座之間、対面所、客座敷、化粧之間、仏間などがあり、その他大小幾十の部屋がそれぞれの用途にあてられていた。

　御広敷は、大奥の事務を取り扱う広敷役人の詰める役所である。広敷役人には、広敷用人、御用達（用達町人ではなく、用人の指図によって出入りの商人から買物をととのえる役人）、広敷番、広敷伊賀者などがあるが、大奥で男子のいるのはこの広敷だけである。したがって、広敷と御殿向の境にはやはり御錠口がもうけられ、御錠口から中へは広敷役人も入れなかった。

　大奥の玄関はこの広敷にだけあるので、他出するには必ずここを通らねばならない。大奥の玄関脇の事務室兼警備室といった役目を果たしたのが、この広敷向である。そのため建物の面積としては、大奥のごく小部分にしかあたらない。

　長局向は大奥の女中たちの居住区で、大奥の北東の大きな部分をしめている。文字どおり長局で、長い廊下にそって女中たちの部屋がずらりとならんでいる。長局向は時代によって消長があったが、もっとも盛んなときは一之側《いちのかわ》から四之側まであり、さらに東之側長局、新之側長局までもうけられ、数百人の女中が住んでいたという。

幕府政治の上で、大奥が隠然たる勢力をもっていたことはよく言われるところである。将軍吉宗が紀州家からはいって八代将軍をついだのには、家宣《いえのぶ》夫人の天英院の推挙が事実上大きな力になっていた。また松平定信の寛政改革や水野忠邦の天保改革の失敗の原因の一つとして、大奥勢力の反感を数えることもあるほどである。

将軍個人の人格が権威の源泉であった江戸時代では、その将軍に生活的に密着する大奥の感情が、政治にも影響してくることは実際上ありうることである。しかし幕府政治の根本的な動向は、時代の流れにそって動いたのであって、個々の人事の裏面などに働いた大奥の影響をもって、その政治的意義を過大評価することは戒めなければならない。

大奥はあくまでも将軍の私生活の場であり、はっきりした治世の方針をもった将軍があらわれた場合は、その影響をうけやすかった。たとえば、文治政治の典型といわれた綱吉・家宣時代には大奥の勢力も強かったが、緊縮政治を実行した吉宗時代には大奥はぴたりとおさえられていたし、化政時代には奢侈《しゃし》放漫《ほうまん》な家斉《いえなり》の大御所政治の影響で、空前の大奥繁栄時代を現出したことは、人のよく知るところである。

## 辰ノ口評定所

数寄屋橋―鍛冶橋―常盤橋をむすぶ堀の内側をも、広い意味での江戸城内郭に含めてみるならば、ここにも幾つかの重要な政庁がある。和田倉門を出たところ、いわゆる辰ノ口にあった評定所もその一つである。

寛文十二（一六七二）年四月三日、奥州仙台藩の重臣伊達《だて》兵部少輔《ひょうぶしょうゆう》宗勝《むねかつ》、田村隠岐守宗良《むねよし》の両名がこの評定所に召しだされ、それぞれ敗罰を申しわたされた。幼主の伊達綱村の後見役として、藩政を指導する地位にありながら、原田甲斐らと共謀して専断のふるまいが多く、不届《ふとどき》至極であるとの理由で、宗勝は土佐の山内家へ御預け、宗良は閉門という判決が下された。芝居や小説で名高い伊達騒動の終幕である。

評定所は、現在の最高裁判所ともいうべき重要な機関である。もっとも当時は一審かぎりの裁判で、現在のように控訴、上告が許されているわけではないから、最終審理をおこなうという意味での最高裁判所ではない。

評定所が取り扱う事件は、幕末の安政の大獄、桜田門外の変など国家重大の事件、伊達騒動のような大名、旗本にかかわる事件、町奉行支配に属する町人と寺社奉行支配に属する僧侶との争いなど、異なった管轄にまたがる面倒な事件などで、いわば政治的に重大で複雑な事件を審理するという意味での最高裁判所であった。

したがって評議は、寺社奉行、勘定奉行、町奉行のいわゆる三奉行が中心になり、それに事件の性質に応じて老中、大目付、目付その他関係奉行が加わっておこなわれた。

辰ノ口に評定所がもうけられたのは、明暦の大火以後のことである。それ以前は大老、老中らの屋敷に関係者が参集して相談していたが、大火によって大老酒井忠清の邸宅が焼けてしまい、ひとまず辰ノ口の伝奏屋敷《てんそうやしき》の一部を評定所に用いることにきめた。それがやがて固定化し、寛文六年にはここに評定所専用の建物が新築され、幕末にいたった。

評定所と隣りあっていた伝奏屋敷は、京都の公家が勅使などとして下向したときの宿舎である。勅使の宿泊期間中、伝奏御馳走役を命じられた大名はここの長屋に引き移り、高家の指図をうけながら一切の世話をした。『忠臣蔵』の浅野長矩が命じられたのもこの役目であった。

この接待のしきたりは大変面倒で、そのうえ莫大な費用を要したものらしい。幕末にこの役目にあたった大名は、一日百両、滞在十日間で千両を要したという。また伝奏役の大名から高家に贈物をするのも内々の慣例になっていたというが、この慣例を軽視したところから、元禄の刃傷事件がおきたのであった。

行政上の役所としては、三奉行の役所をのがすわけにはいかない。このうち寺社奉行は大名役であり、とくに役所をもうけず、奉行の邸宅を役所にあてたが、町奉行と勘定奉行にはそれぞれの役所がもうけてあった。

町奉行の役宅は当時の言葉で御番所《ごばんしょ》とよばれ、町奉行の官舎と町奉行所の政庁とを兼ねていた。町奉行は定員二名（元禄時代ころ一時的に三名のときもあった）で、その役所はそれぞれ北町奉行所、南町奉行所とよばれ、時代により変遷はあったが、幕末には北は呉服橋内、南は数寄屋橋内にあった。

橋内とは江戸城に近い側の橋詰めをさし、現在の有楽町マリオン、もと朝日新聞本社のあたりが南町奉行所の場所である。その規模は、南が建坪二千六百二十六坪、北が二千五百六十坪というから、相当大きな建物であった。

## 破られた御金蔵

勘定奉行の役宅は、神田橋外、虎ノ門外、小石川門外、小川町など内堀外にあったが、勘定方役人の執務場所である勘定所《かんじようしよ》は城内の二ヵ所にあった。その一つは本丸御殿内の御納戸口わきの上《かみ》勘定所であり、もう一つは大手門を入ってすぐ右側の下《しも》勘定所である。

勘定奉行が管轄する仕事は、約四百万石にのぼる天領の支配と、幕府財政のきりまわしというきわめて重要な、広範囲のものであった。したがって、訴訟、裁判など民政を主とする公事方《くじがた》と、年貢徴収、金穀出納など主として財務関係を担当する勝手方《かつてがた》の二つの係にわかれていた。公事方は奉行の役宅で執務し、勝手方は勘定所に出勤してここで執務した。本丸御殿の中の上勘定所には、勝手方の奉行や勘定吟味役が出仕し、そのほかの下役は下勘定所が事務所であった。

ところで、勘定所が取り扱っていた幕府の財政規模はどの程度のものであったろうか。もちろん江戸時代三百年の初めと終わりでは大変な差があるが、中期にあたる享保十五（一七三〇）年の財政収支をあげてみると、

収入　　　　支出

| | | |
|---|---|---|
| 金 | 五九五、一四四両余 | 五六五、一五六両余 |
| 銀 | 一二、二一六貫余 | 九、九六〇貫余 |
| 大判 | 二九〇枚 | 二九〇枚 |
| 灰吹銀 | 七二五貫余 | 七二五貫余 |
| 銭 | 二、二三五貫余 | 二、〇七三貫余 |
| 蠟 | 一、四一六貫余 | 一、四一六貫余 |
| 米 | 八五四、二四〇石余 | 五九二、九九八石余 |
| 荏《え》、大豆 | 六、八〇三石余 | 五、一五七石余 |
| 塩 | 一〇三石余 | 一〇三石余 |

となっている。これでみると、八十五万石をこえる多量の米と、概算して八十万両をこえる巨額の金銀（銀六十五匁を金一両に換算）が取り扱われていることになる。これらの金銀米穀は、ほとんどを江戸で管理し、一部を大津の米蔵、大坂の金蔵などの重要な地方都市でも管理していた。

江戸の幕府の米蔵は、浅草の蔵屋敷である。幕府創業の当初は、和田倉などの地名に残っているように城内にも米蔵があったが、のちに浅草一ヵ所に統一された。

米蔵にたいして金銀を収納する御金蔵、いわば中央金庫は城内に設けてあった。

城内の金蔵は蓮池御金蔵、奥御金蔵の二つにわかれている。蓮池御金蔵は桔梗門（内桜田門）と堀をへだてた向かい側の石垣内にあった。奥御金蔵は本丸天守台の近くにあり、今でもその跡といわれる石室がのこっている。明暦の大火までは、天守閣地下の穴蔵に巨額の金銀が貯えてあったから、奥御金蔵はその天守閣穴蔵のかわりに設けられたものかもしれない。

そのほか御金蔵についてはいろいろ沿革もあるが、はたしてこの金庫にどれほどの金銀が入っていたのか、これは江戸幕府の財政ともからんで興味のある問題である。一、二の史料をひろってみると、

**天保十四年ころの蓮池御金蔵の総有高**

| | |
|---|---|
| 大判 | 三二九枚 |
| 金 | 一、九五六、八一三両余 |
| 銀 | 一〇、四七九貫余 |
| 銭 | 四一、四九五貫八二六文 |

**天保八年以来の奥御金蔵の有高**

| | | |
|---|---|---|
| 金 | | 四三八、〇〇〇両 |
| 銀 | | 三、〇〇〇貫目（金にして五〇、〇〇〇両） |
| 計 | | 四八八、〇〇〇両 |
| 金分銅 | 八個 | 目方　三三七貫五五〇匁 |
| 銀分銅 | 六個 | 目方　二四九貫八八〇匁 |

ほかに当時蓮池御金蔵にあり、おって奥金蔵へ納めるべき分

金分銅　　三個　　目方　一二三貫九五〇匁

銀分銅　　二三個　　目方　七〇二貫四七〇匁

となっている。この金銀の分銅というのは、平時には使用せず、非常用の準備金とするために、貨幣の地金となる金銀を、大判座に命じて分銅形の金銀塊に鋳造させたものである。

分銅形の金塊をつくることは、秀吉が大判千枚分の「千枚分銅」をつくったことにはじまるといわれるが、家康もまたこれを踏襲した。理財にたけていた家康は莫大な金銀を保有し、たびたび秀忠に金銀を与えたが、それでも死後の遺産は二百万両もあった。そのうちこの分銅金塊がどれだけあったか確かにはわからないが、千枚分銅三十六個をつくり、林羅山《はやしらざん》に「行軍守城之用、莫作他費《たのついえとなすなかれ》」と銘を書かせたと伝えられている。

しかし家康の遺訓は、実際には守られなかった。太平の世のつねとして奢侈な生活におぼれ、消費支出が膨張して幕府財政が苦しくなると、この軍用金は貨幣に改鋳されてしまい、元禄時代にはすでに一個もなくなってしまっていた。

徳川吉宗の享保改革、松平定信の寛政改革と、緊縮財政がとられるたびに金銀分銅がいくつか再鋳され、またそれが消費されるという状態が繰り返されたが、幕末には、水野忠邦が天保の改革の過程で幕府最後の分銅鋳造をおこなった。前にあげた史料のなかの、「当時蓮池御金蔵にあり、おって奥

金蔵へ納める」という金分銅三個、銀分銅二十三個がそれである。

奥御金蔵と蓮池御金蔵の用途の違いについて、はっきりしたことはまだわかっていないが、金銀分銅は原則として奥金蔵に納められたらしいことは、この史料で想像できるし、それに金銀貨も、四十八万八千両ときちんとまとまって端数のない額でおさまっているから、奥金蔵は日常の出し入れではなく、収納用の大金庫の役割をもっていたものとみられる。

このような奥金蔵にたいして、蓮池御金蔵は日常出納用の金庫の役目を果たしたのであろう。古くは毎月十八日が御金奉行全員立会いでの金銀出納日であったが、文政三（一八二〇）年以後、収納日は毎月六日、十四日、二十六日、払渡日は朔日、十日、十八日、二十四日にきめられた。したがって、前記史料の約二百万両にのぼる金銀銭は、日常の幕府財政運用の資金として出納される金であったと想像される。

金蔵は、金蔵番同心二十人によって厳重に警備されていた。しかし江戸時代を通じて一度だけ金蔵が破られたことがある。アメリカとの開港問題がやかましく論議された安政二（一八五五）年、野州無宿の富蔵と、もと御家人の浪人藤岡藤十郎が共謀し、綿密な計画をたててこれを被った。どういうふうにやったものかはわからないが、彼らは数回にわたって城内にしのびこみ、富蔵が要所要所の錠前をうつしとり、藤十郎が合鍵をつくって首尾よく二千両箱を二箱、計四千両を盗んで逃げたが、やがてとらえられ、安政五年に浅草ではりつけの刑に処せられた。明治になってから、河竹黙阿弥《もくあみ》がこの事件を劇化したのが『四千両小判梅葉《しせんりょうこばんのうめのは》』で、劇中の伝馬町大牢の場面は、当時の牢内の模様を写実的に伝えているのでも有名である。

こうしてみると、この天保時代にはなお非常用の金分銅十一個、目方で四百六十一貫五百匁と、銀分銅二十九個、目方で九百五十二貫三百五十匁が貯蔵されていたことになる。ところがこれ以後、幕府財政はもはや収拾しがたいほど悪化し、とくに対外問題が緊迫し、紛糾しはじめてから、国防軍事費、償金支払など、多額の支出を必要とするようになり、貯蓄の金銀はすべて貨幣に改鋳して消費してしまった。

いよいよ幕府が倒れ、江戸城を官軍が接収したときには城中の金庫はからで、官軍は貨幣鋳造工場であった金座、銀座から、八万両たらずの金銀を押収することができただけであった。

## 家康の遺産、紅葉山文庫

現在の皇居内紅葉山には、わずかに養蚕所があるだけで目ぼしい建物はなにもない。しかし江戸時代には、重要な建物がいくつかあった。

江戸城中では、正月、三月、四月、五月、六月、九月、十二月の各月の十七日に将軍の「お宮御社参」という行事がおこなわれる。お宮というのは城内紅葉山の東照宮である。前夜から斎戒沐浴《さいかいもくよく》していた将軍は、この日葡萄染《えびぞめ》という紫色の精好《せいごう》の直垂《ひたたれ》に風折烏帽子《かざおりえぼし》という装束で、大広間玄関の駕籠台《かごだい》から轅《ながえ》の輿《こし》にのり、紅葉山東照宮に参詣する。これにしたがう譜代大名、老中、若年寄らは、みな大《だい》紋《もん》に烏帽子、直垂を着用するので、当時これを「大紋行列」とよび、将軍の威儀を誇示する重要な儀式の一つとされていた。

紅葉山に東照宮が建立されたのは、元和三（一六一七）年から四年にかけてのことである。それ以前、家康が入城したころには、紅葉山をふくむ西丸一帯は畑や林で、江戸中の貴賤男女の遊山《ゆさん》の場であった。これが文禄の西丸築城で城内に取り入れられ、一般市民の近づくことのできない所となり、やがては東照宮をはじめ台徳院（二代将軍秀忠）廟以下の霊廟建設地となり、城中でもっとも神聖視される場所になった。

また紅葉山で忘れてはならないのは宝蔵である。文化三（一八〇六）年の地図をみると、紅葉山下の宝蔵は六棟あり、そのうち三棟は御召御具足蔵、数御具足蔵、御鉄砲蔵と、将軍用の武器庫であった。残る三棟は御書物蔵で、そのうちの一棟は御納戸蔵と半々になっている。これが「紅葉山文庫」で、別名楓山《もみじやま》文庫とか楓山秘閣ともよばれた。

紅葉山文庫は家康によってつくられた。家康は武力をもって天下の覇権を握ったが、一面では古典籍の蒐集保存などにも関心をもち、江戸入府以前の駿府（静岡）在城時代に、すでに駿河御文庫をもうけて古書をあつめていた。江戸城に移ると、慶長七（一六〇二）年に城内の富士見の亭に文庫をもうけた。その後、駿河御文庫の書物の一部を江戸に移したこともあったが、家康の死後、遺産分配の一つとして駿河文庫の本が江戸と御三家に分けられ、とくに江戸へは、日本の旧記や希世の古本が送られた。

そのなかには『古事記』、『菅家文草《かんけぶんそう》』(菅原道真の詩文集)、『明月記《めいげつき》』(藤原定家の日記)、『公卿補任《くぎょうぶにん》』(古来からの公家の任免一覧)、『太平御覧《たいへいぎょらん》』(中国の宋の太宗の勅命で編集した一千巻におよぶ一種の辞書)などの貴重書が含まれていた。

このような貴重書を含む文庫を本丸近くにおくことは、保存上きわめて危険であった。そこで寛永十六(一六三九)年になって、紅葉山下に書物蔵が新設され、ここに移された。正しくいえば、これ以後を紅葉山文庫という。文庫そのものは、その後いくらかの変遷をへて明治政府に引きつがれ、現在の国立公文書館の内閣文庫になっている。

紅葉山文庫の御書物蔵の管理責任者は書物奉行である。歴代の書物奉行のなかには、甘藷《かんしょ》先生の名で名高い青木昆陽《こんよう》や、近藤重蔵守重《もりしげ》(号、正斎)、シーボルト事件に連坐して牢死した洋学者高橋景《かげ》保《やす》など、江戸時代の第一級の学者がいた。彼らは紅葉山文庫の蔵書を存分に読破し、その学識をみがいたのであろう。

文庫の書物の出納の模様は、宝永三(一七〇六)年から安政四(一八五七)年までのあいだ書きつがれた『御書物方日記』二百二十五冊を通じて、詳細に知ることができる。誰がどのような書物を読んでいるかという読書調査もできるわけで、江戸時代の学術を研究する上で、この紅葉山文庫を見のがすことはできない。

# 8　年中行事

## 大名の登城

正月三ガ日、五節句、八朔《はっさく》、謡《うた》い初《ぞ》め、嘉祥《かしょう》、玄猪《げんちょ》、そのほか毎月の朔日、十五日の定例の登城日には、諸大名、諸役人がそれぞれの供連れで行列を仕立てて集まり、城下の下馬先は大混雑になった。江戸城の下馬所は、大手門、内桜田門（現在の桔梗門）、西丸大手門（現在の二重橋）の三ヵ所が表下馬で、平川門、坂下門、矢来門、北桔梗門が裏下馬であったが、普通、諸大名が登城する際は大手、内桜田の両下馬ときめられていた。いわばここが表玄関である。総登城などでとくに混みあうときは、臨時に和田倉門、馬場先門、外桜田門（現在の桜田門）を下馬所にしたので、これは外下馬とよばれた。

下馬は登城のときの第一の関門でもある。たいていの者はここで乗物からおりて徒歩になり、これから内に連れて入る従者の数も制限される。乗物に乗って城内に入れるのは、ごく大まかにいうと、大名と五十歳以上のとくに乗輿《じょうよ》をゆるされた役人に限られていた。

乗輿の資格を認められている者も、下乗所にくると乗物からおりなければならない。下乗所は、本丸では大手三之門の外、西丸では西丸大手橋ぎわである。下乗から内は誰でも徒歩でゆかねばならず、従者もさらに小人数になる。下馬、下乗の場所に残された供連れは、そのまま主人の下城まで待った。登城の大名が玄関に達すると、あらかじめ差し向けてあった刀番の家来が待っていて、主人の佩刀《はいとう》を受け取る。刀番はこの刀を持って、主人の大名が退出するまで待った。

玄関を入ると、あとは殿中の坊主が案内して、それぞれ定めの控所に行った。

こう書くと簡単なようだが、実際には乗物の種類、供連れの人数、その控え場所などが、身分格式によってこまかく規定され、面倒なこと一通りではない。

乗物についてみると、溜塗総網代黒塗長棒《ためぬりそうあじろながぼう》の立派な駕籠は、将軍と日光門主のほかは紀伊徳川家だけしか使用を許されていなかった。桑名松平家は薦包引戸《こもづつみひきど》で棒だけ黒塗りの駕籠、尾張、水戸徳川家をはじめ島津、伊達など有力大名は打揚腰網代《うちあげこしあじろ》の駕籠であった。そのほか打揚腰黒で網代を用いないもの、腰板薦引戸のものなど、その家の家格によって使用する乗物の形式がきちんときまっていた。

供連れの人数の規定にしても、時代によって変化はあるが、たいへん厳しかった。下馬札までは、一万石以上（つまり大名）は先供《さきとも》、駕脇《かごわき》をふくめて十三、四人、五万石以上が十七人、十万石以上になると二十人にふえた。しかし国持の大大名でも二十四、五人をこえることはできなかった。この人数は侍だけで、ほかに中間《ちゆうげん》、草履取《ぞうりとり》などが加わるから総勢はだいぶ多い。

下馬から下乗までは、従四位および十万石以上の大名、国持大名の嫡子は侍六人、草履取一人、挟《はさみ》箱持《ばこもち》（挟箱は着替え用の衣服や式服などを入れた箱で、たいてい家の紋所を金で描いてあり、いわゆる「金《きん》紋先箱《もんさきばこ》」である）二人、六尺（駕籠かきの中間）四人、雨天のときの傘持一人を連れることができた。

下乗から内は前述したようにすべて徒歩で、ただ御三家だけは中雀門すなわち本丸玄関前門まで乗物で入ることができた。

ここでは従者の人数は、従四位および十万石以上の大名、国持大名の嫡子らは侍三人、草履取一人、挟箱持一人になる。万石以上の一般の大名、三千石以上の旗本、これと同格の役人は侍が二人、三千石以下になると侍一人にへってしまう。

玄関で刀をあずかる刀番の侍が主人を待つ控えの場所も、家格によってことなり、御三家の刀番は大広間《おおひろま》溜《だまり》で待機し、前田、島津、伊達、毛利の四家と、福井、津山、松江の松平家および溜之間詰の大名の刀番は、玄関をあがって遠侍次之間の前のあたりに控えていた。そのほかは玄関にあがれないから、主人の退出まで玄関の外で刀を持って立っていなければならなかった。

殿中へあがってからの坊主の案内にも、家格によって差があった。坊主が先だって案内するのは御三家だけで、前田家などは表坊主が十人も十五人もつきそうが、決して先立ちはしなかった。

## 八朔御礼

江戸城中には数多くの年中行事があり、それぞれ慣例にしたがって儀式がおこなわれた。その重要なものには大名、諸役人も参加し、あるいは将軍に謁見して祝辞を言上するのがならわしであった。

年始の御礼言上は元日、二日、三日と三日間にわけておこなわれた。

元日は三卿（清水、田安、一橋家）、三家、徳川一門の諸家、譜代大名、特別縁故ある外様大名（前田家、藤堂家など）、高家、諸役人、二日は三卿・三家の嫡子、国持の外様大名、御用達町人など、三日は無位無官の大名（家督はついだが仕官前の大名のこと）、無位無官の寄合《よりあい》の旗本、五百石以上の御《お》目見《めみえ》以上で無役の者、江戸町年寄、京都・大坂・奈良・伏見の町年寄、銀座・朱座の役人などが参上し、身分と家格によって日どりに区別がつけられていた。

当日の服装も、将軍は直垂《ひたたれ》（色は江戸紫のことが多い）、侍従以上の者は同じく直垂、しかし四位になると狩衣《かりぎぬ》、五位の諸大夫は大紋などと区別があった。

元旦の謁見では、将軍は中奥の御座之間でまず三脚の年賀を受け、ついで白書院に出座して三家および前田家の年賀を受ける。どちらの場合も将軍は上段之間に着座し、拝謁者が下段にすすみ、祝詞を言上した。このときに太刀、馬代《うまだい》の献上と酒、料理の下賜があり、徳川一門の大廊下詰の格式の者、溜之間詰大名も順番に白書院で年賀をのべた。太刀といっても本物ではなく、木製の飾太刀であり、まったく形式的な贈答であった。

白書院での謁見がすむと次に大広間に移り、大広間での謁見がはじまる。単独で将軍に謁見し、祝意を表することができたのは侍従以上、従四位以上の者に限られて、当時これを独礼《どくれい》と称した。独礼の人々の謁見がすむと、今度は五位の人々の立礼《りつれい》の謁見になる。立礼は将軍が下段に立ち、謁見の者が一同そろって挨拶する形式で、独礼にくらべるとずっと略式であった。

このような形式ばったわずらわしい謁見の儀式が、正月の三日間くりかえされるのである。新年には、江戸城の城門全部に松飾りをつける。それにも一定のきまりがあった。松の葉をおとし、竿のようにした長い竹の先端を切尖《きっさき》のように鋭く切り、その切口を表にむけて、根本に松を添えるのである。一見何の変哲《へんてつ》もない松飾りだが、これにもいろいろのいわれがあった。

元亀《げんき》三（一五七二）年十二月、徳川家康は武田信玄と三方原《みかたがはら》（静岡県浜松市付近）で合戦し、さんざんに負けて命からがら本拠の浜松城に逃げこんだ。武田勢は家康を追って浜松城を包囲しながら新年を迎えた。このとき武田方の一人が、「松かれて竹たぐひなきあした哉《かな》」と発句をつくり、家康のいる城内に送った。浜松の松と、武田の竹とをかけて徳川は滅亡、武田は興隆とからかったわけである。

これを聞かされた家康は、正月早々縁起でもないと苦々しい顔をした。すると、そばに控えていた酒井忠次が、それは読みちがいで、「松かれで武田首なきあした哉」だと当意即妙に大声で読みあげた。家康は大いに機嫌をよくしたが、やがて信玄も引きあげ、武運がひらけたので、このときの松飾りが吉例となって踏襲されているのだという。

儀礼というものは形式的なものであるが、それもはじめられた当初には、それなりの明瞭な意義があった。松飾りの慣例は、戦国の争乱のなかで苦しい戦いを続け、ようやく運命をきりひらいてきた徳川氏の歩みを記憶しようとする武家政権らしいしきたりである。江戸幕府の年中行事には、ほかに

**八朔総登城の武家**　『古事類苑』歳時部より　三宝にのせた木太刀を献上するならわしであった

もこのような祖先の武功を記念するものが幾つかあり、それらは武家政権の精神的支柱としての意味をもっていた。

しかし実力で天下を奪った家康、秀忠の時代はともかく、時代をへて、その記憶もうすれてくると、将軍の絶対的な権威を誇示し、上下の関係を維持するために儀礼をきびしくしようと支配者は考える。十七世紀後半の家綱・綱吉時代にはじまるいわゆる文治政治は、このような形式主義、儀礼の整備の上でも大きな働きをした。

儀礼はいったん成立すると固定し、先例、格式となる。そして今度は政治が先例、格式にしばられて動脈硬化におちいってしまう。享保、寛政、天保の改革と、いくたびか幕政改革が試みられたが、この形式化した煩雑な儀礼にはついに手が加えられず、幕府の倒壊を迎えたのであった。

年中行事のなかで、もっとも江戸幕府らしいものをあげると、それは八朔御礼であろう。

八朔つまり八月一日は、天正十八（一五九〇）年に「神君《しんくん》」家康が江戸打入りをしためでたい月である。いわば徳川氏の建国記念日のようなものであるから、幕府の重要な式日の一つに数えられていた。

当日、将軍は白帷子《しろかたびら》に長袴をつけて白書院、大広間に出で、御三家以下、譜代、外様の諸大名およびそれ以下の旗本、諸役人、御用達町人、それに天領諸都市の由緒ある町人代表の祝賀をうけた。惣出仕で登城する諸大名らも、すべて白帷子に長袴という白ずくめの服装であった。

八朔の祝儀に参加が許されることは、江戸時代の町人には絶大な名誉であり、特権であった。これを取り締まり、世話する地位を与えられていたのは、御用達呉服師の豪商茶屋四郎次郎家であった。

江戸城の風習が移ったのであろうか、江戸随一の歓楽街吉原《よしわら》でも、八朔には白装束の「おいらん道中」がおこなわれ、白小袖を着たきらびやかなおいらんが、廓内《くるわうち》の仲ノ町を練り歩いた。

「急度《きつと》して出る八朔は寒く見え」などという川柳は、この情景を彷彿《ほうふつ》とさせる。

## ダンスを所望した犬公方

江戸城には、ときどき将軍に謁見をもとめる外国の使節がきた。寛永の鎖国以前は、日本はイスパニア、ポルトガル、オランダ、イギリス、それにシャム、安南をはじめとする南洋諸国や朝鮮などと国交が開かれていたため、江戸城をおとずれた外国人もまれではなかった。前にあげたドン・ロドリゴなどもその一人であるし、なかには家康の外交顧問に登用ざれ、「彼はしばしば将軍と言葉を交えるし、いつでもその前に近づくことができる。これほどの寵愛をうけている人は、日本人でもごく少ない」とまでいわれたイギリス人ウィリアム・アダムズ、日本名三浦按針《あんじん》のような人物もあらわれた。しかし鎖国以後は、正式の国交のあるのはオランダと朝鮮だけになったので、外国使節の江戸城訪問は大変珍しがられた。

外国使節の江戸参府、将軍謁見といっても、この機会に外交交渉があるわけではなく、まったくの儀礼にすぎない。オランダは貿易独占の謝礼として、長崎出島の商館長、いわゆる甲比丹《カピタン》に珍しいヨーロッパの品物を献上させたのである。甲比丹の江戸参府ははじめは毎年であったが、寛政二（一七九〇）年以後は五年に一度にあらためられた。

朝鮮は将軍の代替わりのときに使節をおくっただけだったが、その一行は正使、副使以下三百人をこえる大勢で、朝鮮国王からの国書捧呈、将軍の返翰《へんかん》授与などがあり、一行の饗応などが連日盛大におこなわれ、将軍も朝鮮の曲馬術などを観覧した。

同じ皮膚の色の朝鮮人よりも、紅毛碧眼、起居風俗すべてにおいて異なるオランダ人の謁見のほうが、はるかに珍しがられた。

甲比丹が登城したときの日本側の記録をみると、当日は将軍、諸役人とも紗《しゃ》の小袖に麻上下という比較的軽い服装で出座した。商館長が大広間で将軍に謁見し、携行した献上品を捧呈すると、幕府側は列席の寺社奉行がキリシタン禁制の法令を声高々と読みあげ、おわって三之間で時服《じふく》三十を呉服台にのせて下賜されたとある。しかしこの謁見に参加した外国人側の記録をみると、とてもこのような簡単なことではすまなかったようである。

元禄五（一六九二）年二月二十日、時の商館長コルネリウス・オートホールンに随行したドイツ人医師エンゲルベルト・ケンペルが記したところによると、将軍綱吉との謁見の情景はつぎのようであった。

城中に入った一行は、謁見当日、老中、若年寄らの登城を待つために、百人番所で約一時間も待たされ、本丸御殿に入ると控室で、またたっぷり一時間ほど待たされた。

ようやく将軍が出座したので、商館長一人だけが謁見の大広間にみちびかれた。

彼が謁見の間に入ったと思うと、「オランダカピタン」と呼ぶ大声が聞こえた。この声を合図に拝礼するのである。その拝礼は「両腕、両脚ではい進み、膝の上に身をささえて頭を地につくまで傾け、一語も発することなく、さながら一疋の蟹《かに》のごとくに這いさがる」日本式の作法を強制された。

広間の一段高くなっている室に将軍が坐っていたが、その顔かたちはほとんど見わけがつかなかった。部屋の光線が暗いうえに、謁見があまりに早く、面をあげて将軍を仰ぎみるひまもない。列座している人たちが静粛で一語も発しないのも、少なからず威厳を感じさせた。

これまでが正式の謁見で、そのあとで第二の謁見がはじまる。一行はより奥の一室に案内された。まわりに御簾《みす》をかかげた室があり、そのなかに将軍、御台所、子女、大奥の女中たちがいて、異国人を見物しようというのである。しかし簾《すだれ》ごしではよく見えないので、すきまに紙きれをまるめてはさみ、そこからのぞき見していた。ケンペルが数えたところでは、その紙きれは三十個もあったという。やがて将軍が出座すると、ふたたび商館長が鄭重に貿易の御礼を言上し、通訳がそれを訳して老中に伝え、老中が将軍に言上した。まだるこしいけれども、身分の低い通訳が直接将軍に伝えるわけにはいかないのである。

そのうち将軍から質問がはじまると、それまでの厳粛さはけしとんで、彼らは一場の喜劇を演じなければならぬ羽目《はめ》になった。一人一人の年齢、姓名や、オランダとバタビヤ（オランダ東印度総督の駐屯地）との距離などを尋ねられていた間はよかったが、そのうちだんだんおかしな質問がとびだすようになった。

「中国の医者が数百年前から探しもとめている不老長生の薬を発見したヨーロッパ人医師はあるか」

「われわれ医師は、人間が高齢まで健康であるための秘法を発見しようと、毎日おこたらず努力している」

「どのような方法が最良か」

「そのときまでの経験でもっともよいものが最良である」

「現在最良のものは何か」

「一種のアルコールで、適量をもちいると健康増進に効果がある」

綱吉は、よほど不老長寿の妙薬に関心があったとみえて、いっそう具体的な答を求めた。

「その薬の名は何か。誰が発明したか」

「オランダのジルウィウス教授発明の油製の揮発塩」

そこで綱吉が、「お前でも作れるか」と問うと、商館長が目顔で「知らないと云え」とケンペルに合図した。ケンペルは、「知っているけれども日本では作れない」と答えたので、とうとう綱吉は、その薬をつぎの船便で取り寄せるように希望したという。


ケンペルは実際この薬を取り寄せたが、長い船旅のあいだにすっかり変質してしまい、使いものにならなかったらしい。

それでも不老長寿問答はまだよかった。つぎは着ているマントをぬげ、着てみろ、立って歩いてみろ、互いの挨拶はどのようにするか、酔ったときの真似をしてみろ、知っている日本語をしゃべってみろ、歌をうたえ、踊ってみろと、つぎつぎに珍妙な所作をさせられた。ケンペルは踊りながらドイツの恋歌を一曲歌ったと書いている。

**城中で踊るケンペル**　『日本誌』のさし絵　図の原画はケンペル自筆のスケッチ．中央に手をひろげて立っているのがケンペル．右側の御簾を少し押しあけてのぞいているのが，御台所や女中たち

この茶番を演じさせられて閉口したケンペルは、すぐれた学者であった。滞日わずかに二年で日本を去ったが、帰国後あらわした大著『日本誌』全五冊は、日本の気象、地理、動植物、医術、宗教、産業、民俗をはじめ、日本の起源、歴史、日蘭貿易の沿革にいたるまで網羅したもので、ヨーロッパ人が日本を紹介した書物としては劃期的な名著である。この本によって、日本では犬公方《いぬくぼう》で名をはせた綱吉は、海外には珍問答の日本皇帝として、その名をひろく知られたわけである。

綱吉の質問はまったくの好奇心にすぎないが、時代がたつと少し事情がかわってきた。八代将軍吉宗は、享保改革との関連もあって実学にふかい関心をもち、オランダの科学技術にもおおいに興味をしめし、彼らの宿舎にまで人を派遣して質問をさせ、天文、暦学、地理、医薬などに関する物品の輸入を交渉させたりしている。

このような興味が端緒となって、やがて蘭学が勃興し、江戸時代の文化にあたらしい一ページを加えるようになったことも、忘れてはならないであろう。

## 上覧の天下祭り

毎年江戸っ子たちは、六月十五日と九月十五日が近づくとそわそわして落ち着かなくなる。六月十五日は麹町の日枝山王社《ひえさんのうしゃ》の、九月十五日は神田明神社《かんだみようじんしや》の祭礼日で、祭りずきの江戸町民がこぞって祝い騒ぐ日だった。

天和《てんな》元（一六八一）年以来、本祭りは町の負担を軽くするために、両社一年交代ということになっていたから、本祭りに当たる年には、氏子の町々は一段と張りきった。

本祭りの前日を宵宮《よいみや》というが、この日は昂奮して商売など手につかない。表通りでは、どの家も欄《てすり》を立て、翠簾《すいれん》をかけ、毛氈《もうせん》を敷き、錦の衝立《ついたて》や銀の屏風を飾った。

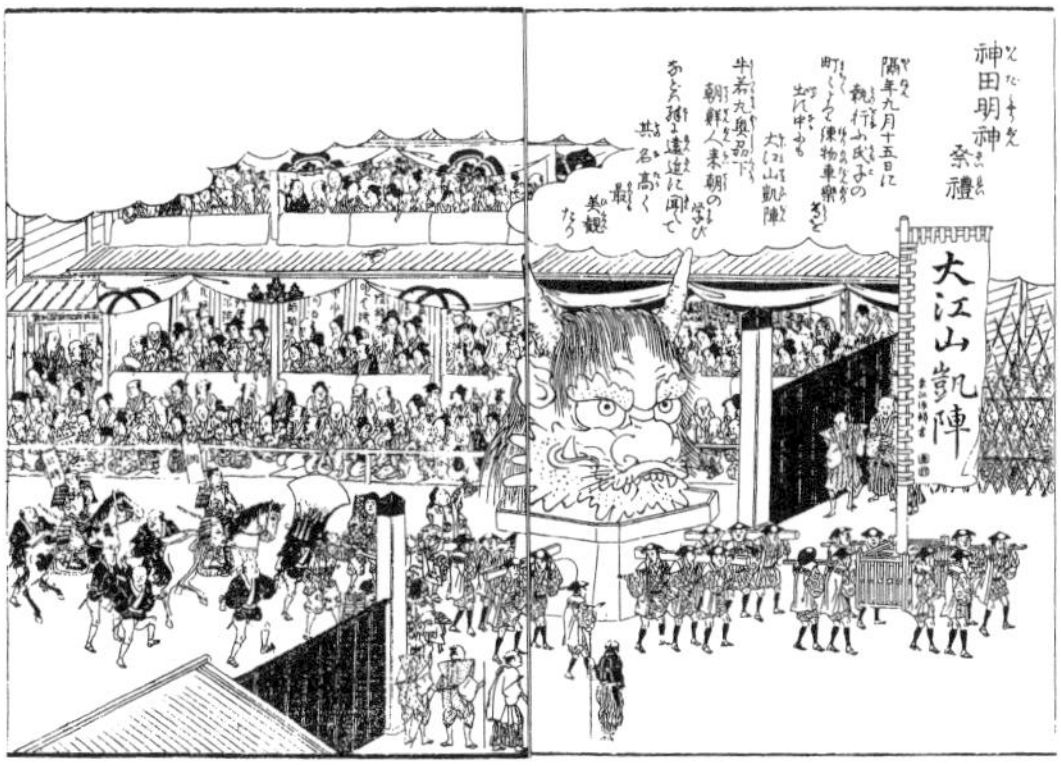


**神田明神の祭礼**　『江戸名所図会』より　趣向をこらした山車の行列を，飾りたてた桟敷から鈴なりになって見物する町人たち

夜になると蠟燭《ろうそく》をつけ、人々を呼びあつめて飲めや歌えの大乱痴気《らんちき》騒ぎになり、大きい家では芸者をよび、よべないところでも、素人《しろうと》で歌のうまい娘を知り合いから借りて間にあわせ、夜を徹しての宴会が続いた。

夜が明ければいよいよ本祭りで、この日はまたそれぞれの家の自慢の美術品の展覧会でもあった。表通りの家は、店さきに金屏風や有名な画家の屏風、衝立などを、これ見てくれとばかりにならべたてて、神輿の行列がとおるのを、今か今かと待った。

山王祭り、神田祭りの本祭りのことを、当時一般に、天下祭りとよんだ。その理由は、天下晴れて免許をえている祭りという意味だという説もあるが、また、将軍がこの祭礼の名物である山車《だし》を城内に入れて上覧するところからきているという説もある。

天下祭りの最大の特色は、山車の行列の江戸城繰込みであった。山車はそれぞれ氏子の町内からだしたが、将軍の観覧に供することでもあり、また江戸っ子の負けず嫌いや意地張りも手伝い、おのおの趣向をこらした金のかかったものであった。

このような山車が四十数台も列をつくり、笛や太鼓の囃子《はやし》にあわせて賑やかに練りあるく様子は、壮観であったに違いない。

いよいよ行列の城内操込みであるが、山王祭りのばあいは、山車は城外の山下門から郭内に入り、日比谷から堀端にそって外桜田門前に行き、そこから左に折れて黒田家の屋敷の南の坂をのぼって山王社の前に出た。それから永田町の坂をくだり、堀端に出て半蔵門から江戸城内に入ってゆく。城内では堀端にそって東北に進み、竹橋門から城外に出て大手前方面に進むのが順路であった。

神田祭りの場合には田安門から城内に入り、やはり竹橋門から出ていく。

上覧がはじまったのは山王祭りが早く、おそらく寛永十一（一六三四）年からで、神田祭りはおくれて元禄元（一六八八）年から城内に入るようになった。上覧場所も、古くは適宜に手近の多聞や櫓などにのぼってここから見物した。しかし正徳二（一七一二）年に、吹上の上覧所がもうけられてからは、ここが常設の観覧場所になった。

見物のときは、将軍だけでなく世子、御台所、大奥の女中までが参加したので、上覧所の近辺には伊賀者や徒《かち》の者が立ち、警戒はなかなか厳重であった。

祭礼の行列は上覧所の正面の標識（奉書紙で包み、金銀の水引きで結んだ長さ四尺ほどの杭）のあるところまでくると、ここで止まってそれぞれ自慢の技を演じた。

山車に続く踊り屋台では、町内よりぬきの娘が美しい衣裳で踊りをおどり、なかでも目に立つ美人がいれば、これが錦絵になって売り出された。今でいえば、ブロマイドのようなものである。たまたま大奥の女中の目にとまると、奥の奉公に召し出されるような幸運をつかむこともあった。

踊りなどは綺麗事であるが、なかには火附盗賊改《ひつけとうぞくあらため》（町奉行所と並んで市中を警戒する警察官）の忍び廻りのさまをまねるなど、大胆な所作で人々をはらはらさせたものもあったらしい。いずれにせよ、派手ずきで茶目っ気の多い江戸の庶民気質《かたぎ》を、存分に発揮したものであった。

将軍にせよ、大奥の婦人にせよ、庶民的な活気にあふれた娯楽に接する機会はほかにまったくなかったから、この華やかな祭礼見物は彼らのまたとない大きな楽しみであり、大奥筋から、つぎの祭礼にはこのような踊りが見たいというような注文が出ることもあった。

天保ごろ評判になった霊岸島の豊年踊りのように、大奥向の評判が将軍の縁づき先につたわって、そこここの大名から再演の所望が殺到するというようなことも生じた。

大名の面前で芸を披露することは、当時としては名誉なことにはちがいなかったが、それぞれ生業《なりわい》をもつ町人たちとしては、暇をとられてありがた迷惑であったともいう。

# 9　城内の生活

## 殿中のお勤め

旗本、御家人は、親代々家禄《かろく》がついていて、とくに大きな失策でもおこさないかぎり失業する心配はなかったが、家禄だけもらって寄合や小普請《こぶしん》にくすぶっていたのでは、生活は苦しくなるばかりであった。

そこで要路の人々に贈物をし、平常から面識をえておき、機会があれば御役成《おやくなり》、御番入《ごばんいり》（役方、番方の役職につくこと）がかなうよう依頼しておいた。運よく空席ができて役職につくことができれば、上役、先輩への挨拶、進物を忘れてはならず、そのうえ先輩や同僚を一日料亭に招いて饗応する習慣も、いつの間にかできていた。

賄賂《わいろ》政治で有名な田沼時代には、この饗応に芸者をよび、酒は何店の何という銘柄、菓子はどこの店と、江戸の一流店のものでなければならないので、大変な費用がかかり、もしこの接待をおこたると、勤めの上でも意地の悪いいやがらせをされたりした。

こうした苦心の末ポストを獲得した役人の殿中の勤務は、どのようなものであったろうか。

一、殿中で行儀が悪かったり、慮外《りょがい》の体《てい》のある者は見つけ次第言上せよ。
一、殿中で一所に寄り集まり、高声で雑談してはならない。
一、囲碁、将棋、竹刀打《しないうち》、扇子きり（扇子を使う遊戯の一種）、すまい（相撲）などをしてはならない。
一、書類を作成している部屋へ寄ってはならない、公用以外に硯《すずり》を貸してはならない。
一、祗候《しこう》した者は座敷そのほかへちりを捨ててはならない。
一、掃除はきちんとせよ。便所以外で小便をしてはならない。

これは慶長十（一六〇五）年の殿中規則の一部である。この後、元和八（一六二二）年の規則になると、勤務時間の規定が厳しくなり、また、

一、楽書（落書）をした大人は死罪、子供は流罪、もし本人がわからなければ、その座敷の当番の者に罰金として銀十枚を科する。

という落書の処罰規定などが加わった。このような規則がつくられたということは、反面にそうしたふるまいの者があったことを示している。

勤務時間はどうであったろうか。役方の諸役人の場合には、とくに統一された勤務時間は定められていなかった。老中は四ツ時（午前十時）に登城して八ツ時（午後二時）に下城した。若年寄は老中より早い五ツ時（午前八時）に登城することになっていた。

したがって御用部屋に勤務する奥右筆などは、当然、八時前に登城しなければならなかったであろ

う。では若年寄より低い地位の役人は、すべて八時前出勤かというと、そうでもなかった。奏者番《そうじゃばん》、勘定方、大目付、町奉行などは午前十時出勤、午後二時下城である。

勘定奉行は、勤務場所である勘定所が二ヵ所にあったので、大手内の下勘定所には午前八時に出勤し、そこの用事を済ませてから正午ころに上勘定所にのぼった。

番方は警備係であるから、夜でもあけるわけにはいかないので、朝番、夕番、寝番《しんばん》（宿直）の三交代制をとった。朝番の出勤は午前八時、夕番は午前十時、寝番は午後四時の出勤と定められていた。この出勤時間を、もし間違えると一大事である。無断で当番を欠勤すると改易《かいえき》、交代時間より前に帰れば、その一年間の知行召し上げ、寝番が遅れて午後六時以後に出仕してくれれば、罰金として銀二枚を科することになっていた。

勤務の内容については、役方では各役職ごとにこまかい服務規定がつくられていて、それにしたがって勤務した。番方では、番士が用もないのに詰所をはずして他の番の詰所に行くことは堅く禁じられていたし、詰所を人少なにしてはいけないので、湯呑所に行くにも弁当を食べに行くにも、小人数ずつ交代で行かねばならないという相当窮屈な勤務であった。

こうして殿中の勤番は終わるが、書院番、小姓組番にはほかにも仕事がある。登城して勤番した日から三日目は供番《ともばん》といって、この日に将軍が外出すれば、その御供を勤める。四日目は西丸勤番、五日目は大手門の警固、六日目は将軍外出にあたれば先供を勤め、七日目が西丸供番になる。そして八日目に明番《あけばん》、つまり休日が廻ってきた。

肩のこる御殿勤めが終わって明番を迎えるとなると、番士の心も浮きたってくる。七日目の勤番が終わって下城するとき、大手門の外まで出てくると、そこで槍や挟箱などは手拭で一束にしばり、中間にもたせて先に家にかえらせ、当人はその足で吉原に遊びに行くなどのことも公然とおこなわれていた。士気の頽廃した天明《てんめい》のころは、とくにこれがはなはだしかったという。

上級の役人になると、勤務中じきじきに将軍に召し出されることがあった。このとき、御座之間の前に着座して平伏していると、将軍が「それへ」と言葉をかける。意味は近くの座にこいということだが、当人は匍匐《ほふく》したまま膝で前に進む真似をするだけで、その座を動かない。将軍の威にうたれて進もうとしても進めないという意味を示すわけである。ずいぶん滑稽なことだが、これが古来の慣習として幕末まで守られていた。

この慣習を破ったのが勝海舟《かつかいしゅう》で、彼は「それへ」という言葉がかかったとき、立って将軍の前まで進んでいった。列座の大目付、側用人らがあわてて「シッシッ」と制止したが、海舟はこれを無視した。あとで別室で詰問されたが、海舟は、「それへと言われて進んで国家の大事を言上するのがなぜ悪い、つまらない旧慣を墨守するのは幕府のために憂うべきだ」と論破した。以後この慣習はなくなったという。

幕末になると、こんなところにも、わずかではあるが新しい改革の息吹が及んできたものといえよう。

## 将軍の二十四時間

将軍は毎朝六ツ時（午前六時ころ）に起きるのが慣例で、時間になると宿直の小姓が「もう」と触れ出した。「もう」というのは一種の合図で、将軍の起床をはじめ、食事などのときにもこの「もう」が触れ出される。

「もう」を合図に、宿直の小納戸役《こなんどやく》が御小座敷の上段之間に毛氈を敷き、洗面道具をそろえる。この道具がなかなか立派で、たらいや湯桶はみな黒漆塗に金の葵の紋つき、うがい茶碗は唐草瀬戸《からくさせと》の大茶碗を使う。歯磨粉は歯医者が調製したもの、塩は播磨の赤穂《あこう》産の精選品を使用した。

洗面がすむと紋服に着かえ、袴をつけて大奥の仏壇にまいり、その後、整髪、御髪結がおこなわれ、月代《さかやき》やひげをそり、髪を大銀杏《おおいちょう》に結う。この役を御髪番《おぐしばん》といい、小姓、小納戸から選ばれた者が五、六人がかりで勤めた。

髪を結っているあいだに医師の健康診断がある。本道《ほんどう》（内科）、外科、そのほかの奥医師十人（六人ともいう）が出勤して二人ずつ交代で診察した。腹部の診察は内科担当で、袖口から手をさし入れて具合をみたという。

この診断がすむとまた小姓が「もう」を触れて朝食。時間はたいてい五ツ時（八時ころ）になる。髪結いの時間が長くかかるから、この食事は結わせながら食べる。給仕は小姓がつとめるが、朝食は割合に質素で、一汁二菜くらいが普通であった。

食膳が下げられると、宿直の側役《そばやく》が朝の御機嫌伺いにでてくるし、老中、若年寄が側役の取次で挨拶にくることもある。九時ころになると、ふたたび大奥に入って神前の礼拝をすませ、中奥にもどり、普段着に着かえてややくつろぐ。

これから午前中は、いわば将軍の勉強時間になる。幕府の文教をつかさどる儒官林大学頭《はやしだいがくのかみ》の儒学の講義を聞いたり、戦記、記録などの歴史の書物を読んだりする。読書がすむと、剣術指南役柳生《やぎゅう》但馬守《たじまのかみ》の指導で剣術の修業をしたり、弓、槍を使ったり、ときには吹上《ふきあげ》の馬場まで出かけて乗馬の練習もした。

正午に昼食、これは中奥でとることもあり、大奥にすることもあった。

午後は政務をとる時間で、場所は中奥の御休息之間の下段、御側御用取次役の者が補佐し、政務に関係のない小姓、小納戸などの係はすべて御人払《おひとばらい》で退出させられた。

将軍にまわってくる書類には二種類ある。御用部屋までの決裁ですでに決定ずみのものを、念のために閲覧に供するものと、将軍じきじきの決裁を要する伺書類とである。このうち御休息之間の方にまわってくるのは、どれも未決のものばかりで、これをいちいち御側御用取次の者が読みあげる。疑問がなければそのまま決裁になり、奉書を十六枚に切った紙片に「伺の通りたるべし」と書いたものをはさんで、御用部屋に下げ渡しになる。しかし将軍の意にかなわぬ書類があると、未決のまま返還し、なお考慮の余地ありとか、再考を要すとかの将軍の意向が、取次から御用部屋に伝えられることもあった。

政務をみおわって夕方までのあいだに暇ができると、これが将軍の遊びの時間になった。このあいだに謡曲をうたったり、書画を楽しんだり、乗馬、相撲など、小納戸や小姓などの侍臣を相手に好きな遊びに興じた。

夕方になると小姓を相手に風呂に入る。湯は別の場所でわかしたものを運び、それに水をくわえて使った。袴の股立《ももだち》をとり、襷《たすき》をかけ、上に白木綿の筒袖の上衣を着た湯殿係の小納戸役人が体を洗う。洗うには糠袋《ぬかぶくろ》をつかうが、これはいくつも用意してあり、顔、手、足など、洗う場所によって取り替えた。

入浴がすむと、白木綿の浴衣を着せて水気を吸い取るが、一回では取りきれないから十枚ぐらい用意しておいて、肌が乾くまで何回でも取り替える。決して手拭では拭かなかった。

夕食は六ツ時（午後六時ころ）になる。大奥でとることもあるが、歴代将軍の忌日などで精進日にあたるときは、将軍は大奥へ入らず中奥ですまし、ふだんはその後の時間を、小姓を相手に碁、将棋、雑談にすごすが、精進日には遊戯類もつつしんだ。

時代が下ると、このような精進日もふえてくるわけであるから、専制君主である将軍も、実生活ではなかなか窮屈な思いが多かったようである。

十時ころに寝所に入る。中奥では御休息之間上段が寝室で、パンヤの入った揚畳《あげだたみ》を敷き、その上に頭を南側にして蒲団を敷いた。寝室内には、万一非常の場合にそなえての火事装束をかけ、床のそばに刀掛をおいて佩刀を掛ける。枕もとの長押《なげし》には、夢を喰う霊獣といわれる獏《ばく》の桧をかけた。

将軍の寝室を中心に多数の警固や不寝番が配置された。もっとも身近にいる者は御側寝の小姓二人で、蒲団と掻巻《かいまき》だけで枕も使わずに将軍の両側に寝ていた。

## 女性だけの世界、大奥

大奥は、広敷向に少数の男子の役人が詰めてはいるが、これとても広敷御《お》錠口《じょうぐち》から内側には一歩も入れない。朝起きてから夜寝るまでの諸事はもちろん、夜間の警備にいたるまですべて女手で処理する。

一口に大奥の女中（いわゆる奥女中、御殿女中）といっても、実にさまざまの職務分担があり、身分、階層の別もきびしかった。奥女中の職制をみてみると、つぎのようである。

上《じょう》　臈《ろう》　三人。格式は奥女中のなかで最高。日常側近に仕えて膝廻りの御用をつとめる。茶湯、挿花《さしばな》、香合《こうあわせ》などの催しがあるときは相談役になる。京都の公家の女《むすめ》が多く、その生家の苗字をとって飛鳥井《あすかい》、姉小路《あねこうじ》などと呼ぶことが多かった。

御年寄　七人。毎日詰所に端坐し、煙草盆を前において、とくに御用があるほかは身体を動かさずに人をつかう。御台所の食事の配膳、来翰《らいかん》の披露、紅葉山、芝、上野の東照宮や御霊屋《おたまや》などへの代参を勤めるなど、大奥の万事を総轄し指揮する第一の実力者である。したがって御年寄の指図に反対できるものはまずない。三家、三卿の夫人が来訪しても頭を畳につけることもなく、御辞儀も挨拶もあまり鄭重にしないほどだった。

中年寄　二人。御年寄の指図にしたがって万端をとりしきり、御年寄に差支えがあるときは代理をつとめる。毎朝御仲居から魚、青物などの書出しを取り寄せ、献立を指図し、料理を検査する。御年寄とともに代参も勤める。

御客会釈《あしらい》　五人。将軍が大奥に入ったときの接待、また三卿など家門方が登城したときの客向の接待係である。多くは御年寄の隠居役である。

御中﨟　八人。御台所の側につかえる。

御小姓　二人。煙草、手水《ちようず》などの給仕役で十三、四歳の者が多かった。

このほかに、大奥での御目見以上、つまり御台所や将軍に直接お目通りできる身分の役には、御錠口詰、御錠口助《すけ》、御錠口衆、御右筆頭、御右筆、表使《おもてつかい》、呉服之間頭、呉服之間、御次頭《おつぎがしら》、御次、御三之間頭、御広座敷、御坊主、御切手などがあった。

御目見以上に対して御目見以下の役職もあり、御三之間、御末頭《おすえがしら》、御使番、火ノ番、御仲居、御末《おすえ》、御犬《おいぬ》小供《こども》などである。

御三之間は、いってみれば大奥の上女中《かみじよちゆう》で、座敷向の掃除から毎朝の湯水の補給、火鉢、煙草盆などをそろえて御小姓にわたし、上級の女中の雑用もはたした。いわゆる女中さんの俗称であった「おさんどん」は、この「御三」が語源である。

御仲居は、御膳所つまり台所の役で、献立一切の煮たきをつかさどり、「お鯛」「お蛸《たこ》」など魚にちなんだ名前をつけて呼ぶ珍しい習慣があった。

御末は「お半下《はした》」ともよばれ、いわゆる下女で、水仕《みずし》の仕事をはじめ、一部、駕籠かきの仕事も勤める。御犬小供は十五、六歳から二十二、三歳までの雑用をつとめるもので、用事があって呼ぶときには「来《き》やれ」と呼んだという。

以上の職制は幕末の御台所附の例であるが、これとほぼ同様の構成で将軍附の女中がいる。ただ異なるところは、将軍附にだけ御坊主があり、御台所にはない。御台所には御小姓があるが将軍附にはない。

御坊主は文字通り頭を丸めた五十歳前後の婦人で、この役だけが大奥から表の中奥まで直通することができるので、中奥と大奥の連絡係をつとめた。坊主であって、女性とは見なされなかったのであろう。

## 側妾の定年

大奥でもっとも問題になるのが中﨟である。御台所附は別に問題でないが、将軍附の中﨟が側妾になる。しかし将軍附の中﨟すべてが側妾なのではなく、いわゆるお手のつかない中﨟を「お清《きよ》」と綽《あだ》名《な》した。これに対してお手つき中臈を「汚《よご》れた方」ともいったという。

将軍附の中臈は御年寄が合議の上で決定し、世話親がきめられた。世話親になるのは御客会釈か御錠口の地位の者で、世話親がきまると、その中臈は長局の世話親の部屋に起居し、すべてにその指図を受けた。したがって中臈の地位は、大奥では御客会釈の下、御錠口の上にきまっていた。中臈が独立の部屋を与えられるようになるのは、将軍の子を孕《みごも》ってからのことである。将軍が直接に目をつけたため中臈に取り立てられる者もあるが、多くはこのような推薦によって側妾がきまった。

大奥では出世の条件を、「一引《ひき》二運《うん》三器量《きりょう》」といったという。結局、有力な御年寄や御客会釈を世話親にもたなければ出世の機会に恵まれないわけで、ここに大奥の女中のあいだでの激しい派閥抗争、勢力争いがおきる根拠があった。

大奥では将軍附と御台所附ははっきりと区別されて、どちらにでも勝手に用事を命ずるというわけにはいかず、御台所附の中臈のなかに将軍の目にとまった者があっても、勝手に呼び寄せるわけにはいかなかった。まず将軍附の御年寄から御台所附の御年寄にその旨を伝達し、御台所の許可をとり、さらに本人を承諾させてから将軍附に籍をうつす、という手続きを必要としたほどである。

将軍からお伽《とぎ》を所望された中臈は、無条件でその意に従わなければならないものでもなかった。だいたい奥女中はお手つきになるのを名誉、出世と心得ていたから、拒否するものは少なかったであろうが、どうしてもいやであれば断ることもできた。こういうときは、世話親の御年寄が将軍の意にそうよう説き聞かせ、命にしたがわないと父の扶持も取り上げる、などと脅かすこともあったが、それでも頑《がん》として拒否すれば無理強いはせず、その中臈は暇を出されて親元に帰されたという。

将軍の側妾は何人ぐらいいたか。もちろん人によって差はあるが、だいたい七、八人だという。もっとも多い記録保持者は十一代将軍家斉で、一説によると四十人、このうち子供を生んだのが十六人で、御台所とあわせて十七人の腹から、五十五人の子供が生まれた。しかし常時これだけの人数の側妾がいたわけではない。

これらの女性のあいだでは、三十歳になると「御褥《おしとね》御断り」といって、寝所をともにするのを辞退する風習があった。そして自分のかわりにしかるべき女を見立てて推薦するのである。ずいぶんおかしな風習だが、これをしないと好色だといって悪評がたてられたという。身体の弱いむかしの上級婦人は、三十過ぎからの出産は、いのちがけだったこともあったのであろう。

だいたい江戸時代の蓄妾の風習は、快楽のためもあるが、もっとも根本は世嗣ぎの男子をうるためである。これは血統が重んじられ、禄も財産も名誉も、すべて「家」中心に継承された封建的な家族制度が生みだした非人間的な悪習であった。

将軍家とてもその例外ではない。したがって、側妾であっても子供を生まなければ、その地位は中臈のままであった。

歴代将軍のなかから正室の出生と側室の出生をわけてみると、正室から生まれているのは、驚くなかれ三代将軍家光と十五代将軍慶喜《よしのぶ》だけであった。しかも慶喜は、水戸家の出生で十四代家茂《いえもち》の子ではない。こうしてみると、将軍の側妾制度も、幕府の立場にたってみると、きわめて現実的な意味があったというべきであろう。しかし、正夫人から嗣子がえられない原因には、さきに述べた「御褥御断り」のような珍習慣があったこともあげられよう。

多数の側妾が君寵を競うということになれば、そこにさまざまの弊害がおきてくる。もっとも警戒されたのは、寵愛を受けた女性が寝所で直接に政治向の〝おねだり〟をすることであった。このため中﨟が将軍の寝所に侍るときは、御添寝《おそいね》といって、もう一人の中﨟がそのそばに寝、次の間に御年寄がやすみ、翌朝御添寝の中﨟が年寄に前夜の中﨟の言動を報告し、弊害を未然に防ぐという仕組みになっていた。なんとも奇怪な習慣であるが、大奥の慣習は万事この調子で、現代のわれわれには想像を絶するようなことがきわめて多かった。

しかし、このように注意しても、実際には大奥の政治向への口出しは防ぎきれなかった。田沼意次は、自分の妾と将軍の側妾お知保《ちほ》の方（蓮光院、津田氏）との知友関係をたどって大奥に取り入り、賄賂をおくって大奥の歓心を買い、幕府の表、裏の実権をにぎった。

家斉のいわゆる大御所政治の時代に権勢をふるった水野美濃守忠篤《ただあつ》は、側妾お梅の方の甥であり、同じく「向島《むこうじま》の隠居」とよばれて隠然たる勢力を張った中野播磨守清茂《きよしげ》（石翁《せきおう》）は、お美代の方の養父である。このお美代の方は中野邸に奉公していた者であったが、石翁が大奥に差し出した女で、晩年の家斉にもっとも寵愛された女性であった。

このほか寛政改革を断行した松平定信や、天保改革にあたった水野忠邦が大奥勢力の中傷でつまずいたことも有名である。

大奥の政治的意味を過大評価してはならないことは、前に述べたとおりであるが、こうしてみると、やはり現実には将軍が女性の情に動かされることも多かったようである。

## 赤字の大奥

幕末のころ、大奥経費の年間予算はだいたい二十万両であったが、将軍家茂の御台所に和宮《かずのみや》が降嫁されて以来経費がかさみ、四、五万両も超過することがあったという。この数字だけをみても、大奥の生活の豪奢なさまが想像できる。

三代将軍家光が、京都の鷹司信房《たかつかさのぶふさ》の女《むすめ》を御台所に迎えてからのち、歴代将軍はいずれも天皇家、皇族、公家の女を御台所とした。十一代家斉の室は薩摩の島津重豪《しげひで》の女であったが、これも形式的には近衛家の養女として輿入《こしい》れしている。

御台所はいずれも、上﨟など上級の奥女中を京都から連れてくるから、大奥の生活には自然に公家風が多く取り入れられるようになり、とくに新井白石が意識的に殿中に京都風の儀式典礼を取り入れてから、それは一層はなはだしくなった。

武家の生活慣習は元来質素を旨としたが、京都の宮廷風の生活が取り入れられると、必然的に生活は奢侈《しやし》におもむかざるをえなかった。大奥の規定の中に「けんやくの事、かねて申出す通り、かたく相まもり、衣類並に音信（進物）取かはしの儀、なる程かろくいたすべき事」（寛文十年二月の女中法度《じよちゆうはつと》）などと書いてみても、それはしょせん空文でしかなかった。

服装にしても、平常の着物は御台所をはじめ、上臈以下お目見以上の身分のものは、品質の高下こそあれ、だいたい白無垢の重《かさね》を着用し、板締縮緬《いたじめちりめん》の間着《あいぎ》、その上に縮緬あるいは綸子《りんず》の裲襠《かいどり》を重ねた。財政窮乏で倹約がきびしく励行され、男子の役人は贅沢な絹物の衣類を禁止されても、それは大奥までには及びがたかった。多少の自粛はみせても、大奥の徹底的改革は不可能であった。

幕末の話であるが、幕府の命運もようやく尽きようとする慶応二（一八六六）年、最後の大奥経費節減がおこなわれた。徹底的な冗費調査をおこない、御年寄以下の女中のしぶるのをようやく説得してえた節約額が、年三万両ときまった。年間経費を十七万両にきり下げたわけである。どこを減らしたかというと、

1　御台所の衣裳は、洗張《あらいはり》した上で見苦しくなければ再度着用のこと。

2　上臈以下の奥女中の俸給を若干減俸する。

3　湿気払いと称して、長局、詰所などで朝夕杉の葉をたいていた（この代金一日三十両）のを廃止すること。

4　詰所、廊下などの金網行灯《あんどん》張替の料として一日に延紙《のべがみ》五十帖、障子繕《つくろ》いとして美濃紙一日に五

十帖使用していたのを、月に一度に改めること。

5　盆、暮と年に二度畳の表がえをしていたのを、十二月一回にすること。

そのほか物品購入、受渡方法の改革などにも及んだという。これが前代未聞の大改革だったといわれるのであるから、それ以前はおして知るべしである。

奢侈な生活の風潮は、直接幕府の財政支出を増大させた。しかもそれだけではなく、この風潮に接する幕府の上級官僚の精神とその生活をもむしばんだ。国内的にも対外的にも幕政が難局を迎えつつあったときに、将軍とその側近が、これに適切に対処する能力を欠いていたことの原因の一斑は、このような爛熟した後宮生活にあったといってもよいであろう。

## 絵島・生島事件

大奥の奉公は、たてまえとしては一生奉公である。奉公に上がるときに血判の誓紙《せいし》をさしだすが、その箇条の中に「御奉公は生涯相勤め申すべく候こと」という一条がある。しかし、中臈以上の高級奥女中以下は、願いによっては暇をとることもできた。

誓紙には、「宿下《やどさが》りの節、物見遊山芝居見物など決して致すまじく候こと」という一条もある。宿下り、つまり親元への帰省は御目見以下の者が許されたが、実際には芝居見物などは公然の秘密であったという。

しかし中臈以上の女中は宿下りもなく、一生奉公であるから、いわば楽しみの少ない生活である。

もちろん殿中でも趣味の遊芸はあったし、御目見以下の者のなかには遊芸の心得のある者があって遊びの相手をつとめたが、それにも限度があり、そこからいろいろ取沙汰されるような風紀問題が発生した。

もっとも有名なのは、正徳四（一七一四）年におきた絵島《えじま》・生島《いくしま》事件である。絵島は六代将軍家宣《いえのぶ》の未亡人月光院附の年寄で、大奥の実力者として羽振《はぶ》りをきかせていた女性である。それが芝増上寺御霊屋《おたまや》に代参の帰途、再三にわたって木挽町の山村座に芝居見物にゆき、座元の山村長太夫方で役者の生島新五郎を相手に遊興し、役者狂いをしたということで処罰をうけた。絵島は死一等をゆるされて永遠流《えいおんる》となり、信濃の高遠《たかとお》の内藤家に預けられ、生島新五郎は三宅島に流罪になった。

年寄の外出には、添番その他の随行者が必ずある。にもかかわらず絵島が不行跡を重ねたのは、随行者たちが絵島に買収されていたためで、その買収の裏には、大奥に物品を納入する者とのあいだの利権関係がからんでいたものと思われる。絵島事件は風紀問題であるとともに、大奥全体にわたるスキャンダルで、呉服師後藤家や勘定方役人まで多数の連累《れんるい》者を出した。

このほか大奥の女性の生活について伝えられていることは少なくない。しかし、さきほどあげた奉公の誓紙や女中法度に、「奥向きの事は親兄弟たりとも一切他言致すまじきこと」という一条があるほどで、江戸時代には大奥のことは厳秘であり、したがって信頼できる書類なども残されていない。現在わかっていることは、そのほとんどが、明治に入ってから旧大奥関係者の談話を聞いて書き留めたものである。しかもすでに明治時代において、談話者の記憶は人によって相違し、事実をつかむことはなかなか困難であったというから、そのような関係者もなくなった今日、大奥についての新しい知見を加えることは非常にむずかしくなっている。

# 10　江戸城開城

## 日本開国

日本が江戸幕府の支配下で鎖国の夢にひたっているあいだに、世界の情勢は大きく変化していった。イギリスの名誉革命（一六八八年）、アメリカの独立戦争（一七七五〜七六年）、フランス大革命（一七八九年）など、あいつぐ市民革命の成功によって、欧米諸国は近代国家へと進み、同時にこれらの国々は、資本主義の発展にともなう海外市場の拡大をもとめて、アジアに進出してきた。

一方、十六世紀の後半から東方進出をはじめたロマノフ王朝下のロシアは、シベリアを横断して、十八世紀はじめには千島、樺太方面にまでその勢力をのばしてきた。こうして北はロシア、東はアメリカ、南はイギリス、フランスの諸国が、鎖国日本の扉をたたいて開国を要求しはじめた。

十八世紀の末から、にわかに頻繁になったこれら諸国との接触のなかで、ついに鎖国を破ることに成功したのはアメリカ使節ペルリであった。

嘉永《かえい》六（一八五三）年六月三日、ペルリは日本の開国をもとめるアメリカ大統領の親書をたずさえ、軍艦四隻をひきいて浦賀に現れた。黒船来るの報は、櫛《くし》の歯をひくように江戸にもたらされ、幕閣はもとより江戸市民の驚きは一方《ひとかた》ではなかった。

六月六日、江戸城では総登城の触れ太鼓が鳴りひびき、諸大名はもちろん布衣《ほい》以上の幕臣すべてが本丸大広間に集められた。席上、首席老中阿部伊勢守正弘《まさひろ》は、米国国書の訳文を示し、

「たとえこれまで幕府が禁じていたことを批判するようになってもかまわぬから、心底にあることは残らず十分に申し立てよ」

と、この開国要求に対処する方策を諮問した。幕府が自信のある解決策をもたなかったため、大方の輿論を取り入れることによって、外交の足場を固めようとはかったのであった。ところがこの処置は、実際には幕府が期待したような効果を生まなかったばかりか、かえって幕威を失墜する端緒とさえなった。

まず第一の問題点は、国政に関しては、朝廷にも諸大名にも相談せずに専制独裁をとおしてきた幕府の方針を、みずから破ったことである。

第二には、幕府はこれまで幕政を論評する者をきびしく処罰してきたが、この諮問は公然と幕政を批評することを幕府がみずから求めている。

第三には、幕府の期待に反して、外交方針に関する衆議が容易に一致しなかった。断乎《だんこ》国交を拒絶し、打ち払いを断行すべしという強硬意見から、交易を許すべしという開国論まで、あらゆる意見が開陳されたなかで、幕府は衆議のまとまらないまま、ついに国書を受け取り、翌春国書に対する返答

をすると約束せざるを得ない羽目になったのである。

かくして六月六日の大広間での諮問は、幕政史上の大きな転換点となった。翌安政元（一八五四）年正月、回答の方針もまだきまらぬうちにペルリはふたたび来航し、三月三日、幕府はついに日米和親条約を締結した。開国の第一歩である。続いてイギリス、ロシア、フランス、オランダとも条約が結ばれた。

強大な武力を背景とする開国要求の前に、手も足も出なかった幕府や諸藩は、これ以後おそまきながら軍制改革と軍備充実にのりだした。幕府では旗本、御家人の武術修練のため講武場《こうぶじょう》（のち講武所と改名）をもうけた。伊豆韮山《にらやま》の代官江川太郎左衛門英竜《ひでたつ》は、韮山に反射炉をきずいて大砲を鋳造し、また江戸湾の防備を固めるために品川沖の海中に御台場《おだいば》（砲台）をきずいた。オランダから寄贈された蒸汽船で、軍艦の操縦法の訓練もおこなうようになった。

和親条約は、外国船に対する薪水《しんすい》食料の供給、難破船の救助などを承諾しただけであったため、列国はさらに進んで貿易の開始を求めてきた。安政三年、伊豆の下田に着任したアメリカ総領事ハリスは、通商条約を結ぶことをはかり、まず江戸城に行って将軍に謁見することを望んだ。幕府はハリスの江戸入りが反幕攘夷論者を刺激することを恐れ、これを拒みたかったが、ハリスの強硬な態度に押されて今度もこれを承諾した。

翌年の十月七日、ハリスは下田を出発、通弁官ヒュースケンをつれ、米国旗をなびかせながら江戸にむかい、十四日に江戸に入り、宿舎の九段下の蕃書調所《ばんしょしらべしょ》に入った。沿道が物見高い見物人でうずまったことはいうまでもない。十月二十一日、金モールをほどこした礼服を着たハリス、海軍服を着たヒュースケンは、駕籠にのって江戸城に登城した。直垂、狩衣、大紋を着した譜代大名、諸役人が居ならぶなかを大広間に進み、ここで立烏帽子《たてえぼし》、小直垂を着した将軍家定《いえさだ》に謁見し、通商をもとめる大統領の書簡を提出したのである。

ハリスは江戸到着の日のことを日記にしるしている。

今日余は江戸に入らんとす。これは余の一生ならびに日本の歴史に重要なる一時期を劃するものであり、余は江戸に招かれたる最初の外交使節である。しかして余は、余の企図する談判の成否如何にかかわらず、日本国民に外国使節の権利を知らしめるであろう。

このような強い意気ごみで、通商条約の交渉にあたったのであるから、すでに弱腰になっている幕府当路者が対抗しうるはずはなく、ついに安政五年六月、日米修好通商条約も結ばれることになった。続いてオランダ、ロシア、イギリス、フランスの諸国がこれにならい、ここに日本は、これらの諸国と近代的な外交関係に入ったのである。

## 雪の桜田門

ところで、この条約締結は、国内の政治問題とからんでさまざまの混乱、紛糾をまきおこした。越前藩主松平慶永《よしなが》（春嶽《しゅんがく》）、薩摩藩主島津斉彬《なりあきら》など親藩、外様の有力大名は、かねてから、雄藩連合の力で幕末の困難な政局をのりきるべきだと考え、幕政への参与を望んでいた。これに対して幕閣の上層部は、旧来のとおり譜代大名を中心とする幕政の運用で、幕府の伝統的権威をまもろうとしたので、両者のあいだに対立が生じてきた。

ちょうどそこに将軍家定の後嗣問題がおき、前者は水戸の徳川斉昭《なりあき》の子の一橋慶喜《よしのぶ》を推し、後者は紀伊藩主の徳川慶福《よしとみ》（のちの家茂）を迎えようとした。

日米修好通商条約については、ときの老中堀田正睦《まさよし》は、調印を前にして朝廷の勅許をえ、その権威をかりて諸大名の反対を封じようと計画した。

一橋派は、攘夷論のつよい下級公家と通じてこれを妨害した。その結果、朝廷からは容易に勅許が出なかった。こうした関係が重なりあって、両派の対立は急速に激しくなっていった。

安政五年四月、譜代大名におされて突然大老となった井伊直弼《なおすけ》は、六月、勅許をまたずに通商条約に調印し、さらに諸大名にはからずに徳川慶福をむかえ、将軍の後嗣と決定した。このため反対派は違勅調印として直弼をはげしく攻撃し、朝廷も幕府の責任を追及してきた。直弼は負けずに徳川斉昭、松平慶永らに謹慎、反対派の橋本左内《さない》（越前藩士）、吉田松陰《しょういん》（長州藩士）らの志士を死罪にし、朝廷の反対派公家をも処分した。すなわち「安政の大獄」である。

この大弾圧に憤激した水戸浪士たちは、直弼を江戸城の桜田門外におそってこれを暗殺した。万延元（一八六〇）年三月三日、雪の朝の出来事であった。

現職の大老がその政策のゆえに城の門外で殺されたということは、幕府の権威の決定的な失墜であった。こののち諸藩の志士は藩の枠をのりこえ、互いに連絡をとり、尊王攘夷を旗印に公然と反幕府運動をすすめるようになった。

幕府では、老中安藤信正《のぶまさ》が、諸大名および朝廷との融和によって反幕運動を緩和させようと計画する。いわゆる公武合体運動である。文久二（一八六二）年二月、孝明《こうめい》天皇の皇妹和宮を将軍家茂の御台所に迎えたのは、このあらわれであった。

ところがこの和宮降嫁は、政略結婚だと尊攘派志士の憤激を買った。安藤はこのため坂下門外で志士に襲撃され、生命は助かったが失脚してしまった。幕府の衰退はまさに坂道を下るような勢いであった。

こうした情勢のなかに、江戸城はしばしば火災に見舞われた。安政六年十月に本丸が焼け、それを再築したと思うと文久三年六月には西丸が炎上した。そして西丸の再築にとりかからないうちに、その年十一月、ふたたび本丸が二ノ丸とともに焼け、やむなく将軍家茂は清水邸、ついで田安邸にと移った。

江戸城本丸はこれ以後ついに再築されなかった。西丸殿舎だけを急いで建てたが、これも簡素な仮御殿で、旧来のものにくらべると規模も小さく、古式を変更した所も少なくなかったといわれる。あいつぐ火災と財政窮乏によって、昔日のような壮麗な大御殿を営む力は、もはや幕府にはなくなっていたのであろう。

## 江戸幕府の倒壊

公武合体を唱えて倒れそうになる幕府を支えた勢力と、尊王攘夷の旗をかかげながら倒幕にもっていこうとする勢力との角逐《かくちく》は、文久、元治《げんじ》、慶応という幕末最後の段階では、目まぐるしく回転した。

文久三年の前半期は尊王攘夷運動の極盛期で、朝廷は過激派の少壮公家と、これに結びついた志士たち（その中心は長州藩士）の勢力で占められていた。彼らは開国を実行した責任者である幕府に、勅命によって攘夷実行を強要し、窮地にたたせ、一挙に王政復古を実現させようともくろんだ。そして将軍家茂を京都にのぼらせ、攘夷祈願のための孝明天皇の賀茂社行幸に随行させ、同年五月十日を期して攘夷を実行することを幕府に約束させた。

しかし同年の八月十八日、朝廷にクーデターがおこり、薩摩藩と佐幕派の会津藩とが反長州ということで同盟して、朝廷から尊攘派公家と長州藩兵をしめだした。このため長州藩兵が京都を奪回しようとして上京すると、会津、桑名、薩摩藩などの京都守備軍との間に戦端がひらかれ、ここに「蛤《はまぐり》御門《ごもん》の変」がおきた。そしてこの蛤御門の変の責任追及ということで、第一回の長州征伐がおこなわれることになった。

元治元（一八六四）年七月二十三日、長州藩追討の勅命が幕府に伝えられ、幕府は翌二十四日、西国の二十一藩に出兵を命じ、また江戸の外桜田、麻布竜土《りゅうど》にあった長州藩邸をとりこわした。江戸中の鳶人足《とびにんそく》七千人を三日間使ったというから、大変な騒ぎであったが、その材木は風呂屋にあたえたという。

八月二日、江戸にいる大名、布衣以上の役人を総登城させ、将軍みずから出馬する旨をつげた。しかし実際には将軍の進発はのびのびになり、そのうちに長州藩が尊攘派の責任者を処分して謝罪降伏してきたので、一戦も交えることなく征長軍は撤兵した。

だが問題はこれではおさまらず、間もなく幕府は第二回の征長軍を出すことになる。長州藩内の情勢がかわり、倒幕派の高杉晋作《しんさく》、伊藤俊輔（のちの博文）らの策動によって、藩論がふたたび倒幕に転換し、戦備をととのえはじめたからである。

慶応元（一八六五）年五月十六日、今度は将軍家茂みずから江戸城を出陣した。この日家茂は、西丸御殿大広間上段之間で出陣の儀式をあげ、紀伊徳川家以下の諸大名の祝儀をうけ、大広間の駕籠台と称する玄関から出発した。

行装は、陣笠に錦の陣羽織を着し、馬に乗り、馬前には遠祖家康の吉例にならって金扇および銀三日月の馬標《うまじるし》を立てた。歩兵、騎兵、砲兵からなる幕軍が前後を固め、老中以下の幕臣、諸藩主もしたがったその威容は、なかなか盛んであった。

ところが戦局の方は、今度は第一回のようにはうまくいかなかった。前回は反長州にまわった薩摩藩が、薩長同盟をむすんで敵にまわっていた。これは土佐藩の坂本竜馬らの仲介で、対外的には開国、国内的には反幕府という線で両藩の政策協定が成立したためであった。外様である薩摩藩はまだしも、親藩の雄藩である尾張徳川家、越前松平家までがこの出兵を拒否したのであるから、幕府にとってはずいぶん無理な戦争であったといえよう。

幕府軍は各所で長州軍に敗れた。長州軍は高杉晋作が組織した奇兵隊《きへいたい》などの新しい組織の軍隊に、新式の外国製の鉄砲をもたせ、洋式訓練をほどこしていた。これに対して幕府軍の大半は、昔ながらの軍隊組織と、鎧、陣羽織などの旧式装備であったから、勝敗はおのずから明らかである。幕府の権威はこの第二回長州征伐の失敗で、決定的に地におちた。

ちょうどこのころ、江戸、大坂をはじめ全国的に打ちこわしや一揆が頻発した。「世直し」とよばれた一揆、打ちこわしの流行は、幕藩体制による封建的な支配がゆきづまり、封建制をこえた新しい社会の到来を、民衆がのぞんでいることの現れであった。

こうした情勢のなかで、慶応二（一八六六）年七月、将軍家茂は出征中の大坂城で病死した。幕府はこれを理由にただちに征長軍を引き揚げ、十五代将軍には徳川慶喜が就職し、局面の打開をはかったが、すでに倒れかかった大木をささえる手段はなかった。

慶応三年十月、ついに慶喜は「大政奉還」を朝廷に願い出で、翌日朝廷はこれを受け入れた。十五代二百六十年にわたる江戸幕府は滅びたのである。

## 江戸城明け渡し

幕府は倒れたが、依然として徳川氏は江戸城と数万の旗本、御家人、そのうえ七百万石の天領を所有する巨大な勢力である。倒幕派はこの幕府勢力の息の根を止めるために、さらに追い打ちをかけた。十二月九日、朝廷から王政復古の大号令が発せられた夜の小御所《こごしょ》（京都御所内の一室）会議で、政府は徳川慶喜に内大臣の官位を辞退させ、所領の返上を命ずることを決定した。

この苛酷な処分をきっかけに、旧幕府側は「君側の奸《かん》」薩摩、長州勢力を除くべしと反撃に転じ、大坂から京都に攻めのぼった旧幕軍と薩長勢のあいだで、「鳥羽・伏見の戦」がおこった。結果は旧幕軍の敗北となり、慶喜は朝敵のレッテルをはられ、大坂から軍艦に乗って急遽《きゅうきょ》江戸へ逃げ帰った。江戸城に入ったのは慶応四（明治元）年正月十二日深夜のことである。

一方、正月七日、京都朝廷は慶喜追討の命令をくだし、攻撃軍は東海、東山、北陸の三道から江戸にむかった。東海道軍は三月十二日品川に到着、東山道軍も三月十三日には板橋に達し、江戸城攻撃の期日を三月十五日と予定した。

江戸側の情勢はどうであったろうか。大坂から帰った慶喜は、恭順《きょうじゅん》の態度を示すためにただちに江戸城を出て上野に引退し、謹慎の意を表すると同時に、十三代家定の未亡人天彰院《てんしょういん》、前将軍家茂未亡人静寛院宮《せいかんいんのみや》（和宮）に朝廷へのとりなしを依頼した。しかし譜代大名や旗本、御家人のなかには、薩摩、長州にはげしい反感をいだき、強硬な主戦論を唱える者が少なくなかった。大名では会津藩主松平容保《かたもり》、旗本では海軍副総裁榎本武揚《たけあき》、勘定奉行兼陸軍奉行並《なみ》小栗忠順《ただまさ》などが著名な人物である。陸軍総裁勝義邦《よしくに》（安芳《やすよし》）や会計総裁大久保忠寛《ただひろ》などのように、恭順・開城論を唱える者もあったが、彼らには卑怯者という非難が浴びせられた。こうして江戸城をめぐって開戦かとも思われたが、最後には、中心人物慶喜自身の恭順論が決定的な力をもった。

勝海舟と攻撃軍の参謀西郷隆盛のあいだでおこなわれた慶喜処分の折衝では、西郷は慶喜を備前岡山藩へあずけることを要求し、勝海舟はこれに絶対反対した。西郷はこの条件をのまねば江戸城攻撃決行と威嚇《いかく》し、勝も一歩も譲歩しなかった。

しかし三月十四日、攻撃開始の直前、慶喜は水戸へ隠退ということで話がまとまり、江戸城中の主戦論者をおさえることができた。もし京都軍が厳しい条件で慶喜の処分を断行しようとしたならば、江戸側も改めて主戦論にふみきったかも知れない。

西郷の態度が急に軟化した背後には、イギリス公使パークスの意見が少なからぬ力をもっていたという。西郷が横浜にいたパークスに江戸城攻撃の了解を求めたところ、パークスが「恭順の意を表している慶喜を討つのは万国公法の道理にはずれる」と言い、賛成しなかったので、西郷も攻撃の決心を変えたという。パークスにしてみれば、江戸の戦争が横浜の貿易や治安に悪影響を及ぼすのを恐れての発言であったのであろう。

ともかく、こうした事情で江戸城と江戸市民は、ついに戦火をまぬかれることができた。

三月十五日、若年寄以下旧幕府の役人は、江戸城を出て田安邸に移った。四月四日、東海道先鋒総督橋本実梁《さねやな》、同副総督柳原前光《さきみつ》が午後一時ごろ江戸城に入り、旧幕府の役人に徳川氏の処分と城明け渡しの条項を示した。

1　慶喜の死罪一等を減じ、徳川の家名を立てることを許すが、その身は水戸にしりぞいて謹慎すること。

2　江戸城を明け渡し、尾張藩に引き渡すこと。

3　軍艦、鉄砲を引き渡すこと。

4　城内に居住する家臣は城外へしりぞき、謹慎すること。

5　慶喜の反逆をたすけた者は重罪であるが、これも格別の寛典で死罪を許す。ただし相当の処分に附し、言上すること。

の五項目であった。

四月十一日、江戸城明け渡しの日がやってきた。参謀海江田信義《かえだのぶよし》、同木梨清一郎《きなしせいいちろう》が尾州、薩州、長州、熊本、備前、大村、佐土原《さどはら》の七藩の兵をひきいて入城し、城門に各藩兵を配置し、無事接収を終わった。この日、徳川慶喜は上野を去って水戸にむかった。

天正十八（一五九〇）年八月、家康の江戸打入り以来、実に二百七十八年で、江戸城は徳川氏の手を離れたのである。

# 11 皇　城

## 東京遷都

明治新政府が首都をどこに置くかということは、大きな問題であった。薩摩藩の伊地知正治《いじちまさはる》や大久保利通《としみち》は大阪遷都論を唱え、また長州藩の品川弥二郎らは伏見桃山に遷都すべきだと論じた。これに対して、のちに郵便制度の創設者になった前島密《ひそか》は、新政府が関東、奥羽の諸藩をひきつけるためには江戸遷都が必要であると力説した。このとき、前島は首都としての江戸の長所を六項目あげている。

1　蝦夷地（北海道）開拓が進むと、江戸は日本の中央になる。
2　江戸湾は良港になりうるし、当時もっとも進んだ船舶工場のあった横須賀も近い。
3　地形的に大帝都を建設することができる。
4　大阪の市街は狭いが江戸は広い。
5　江戸には官庁の建物、大名の藩邸などがあり、江戸城を皇居にあてれば、すぐそのまま首都にすることができる。

6 江戸を首都にしなければ、江戸は衰退し、江戸市民は四散してしまうだろう。同様に江戸遷都を唱えた者には、江藤新平、大木喬任《たかとう》などがあり、これに岩倉具視《ともみ》や大阪遷都論の大久保も同調して、江戸遷都論が有力になった。

こうした事情を背景に、七月十七日、明治天皇の東幸の詔書が発表された。

朕《ちん》今万機を親裁し、億兆を綏撫《すいぶ》す、江戸は東国第一の大鎮、四方輻湊《ふくそう》の地、宜《よろ》しく親臨以て其政を視《み》るへし、因《よつ》て今より江戸を称して東京とせん、是《これ》朕の海内一家、東西同視する所以《ゆえん》なり、衆庶此意《しゅうしょこのい》を体せよ。

こうして江戸は東京と称されるようになったが、東京遷都は一気には実現しなかった。まず天皇の東幸で、九月二十日京都を出発し、十月十二日品川着、十三日に行列をととのえて呉服橋から和田倉をへて城中に入った。この行列は東京市民にあたえる心理的影響を考えて、岩倉具視の意見により、天皇は鳳輦《ほうれん》に乗り、随従の親王、公家、諸大名はみな衣冠帯剣するなど、公家風の荘重な儀礼をもちいた。

十月二十七日、東京市民一同に酒を下賜した。もっとも本当に下賜された酒は二、三樽で、これにほかの酒を加え増して二千五百六十三樽として分配したのである。東京市民はこれを「天盃頂戴」と称し、家業を休んでこの日を祝った。

天皇は十二月八日、東京を出発して京都に帰ったが、翌年の明治二年三月、ふたたび東京城に行幸した。そしてこれ以後、京都に帰ることはなかった。

この日から東京城は皇城と改称され、東京は自然に日本の首都となった。

## 変容する皇城

江戸城時代以来の旧い建物でも、使用できるものは新政府が引き続き使用した。したがって、城内や城外の景観が大きく一変したわけではないが、それでも数年間のうちにはかなり大きな変化があらわれてきた。

明治元年十二月には、城内紅葉山にあった徳川氏の霊廟を取り去るよう命令が出た。すでに歴代の霊牌や宝物は城明け渡しのときに上野に移してあったが、残っていた建築物すべてを取り去ったのである。ついで明治三年から五年ころにかけて、旧江戸城の城門がつぎつぎに取り壊されていった。

明治三年十一月、半蔵、田安、赤坂、四谷、市谷の五門の渡り櫓の取り払いが決定した。明治五年四月には筋違門、牛込門の取り払いが決定し、明治五年八月、日比谷、数寄屋橋、鍛冶橋、呉服橋、常盤橋、神田橋、一橋、雉子橋、山下橋、幸橋、虎ノ門、赤坂、喰違、四谷、市谷、牛込、小石川、筋違、浅草橋などの二十一門の撤廃が決定した。

城門は当時はなはだしく破損がすすみ、修理しなければならぬ状態になっていた。しかも新時代を迎えて、すでに城郭の関門としての存在意義はなくなっていたから、多額の費用をかけて修築するまでもないと考えたのであろうし、その撤廃は、徳川氏時代の記念物を、東京市民の眼前から取りのぞく意味すらあったと考えられる。

明治六年五月五日、皇居後宮から出火し、皇居の後宮、御殿がすべて焼失した。これはいうまでもなく旧江戸城西丸殿舎で、元治元年再築の建物である。皇居焼失によって明治天皇と皇后は赤坂離宮（旧紀州藩邸）に移り、ここを当分の仮皇居とした。

このほか当時の皇居内の写真をみると、白壁は落ち、屋根には雑草が生え、城内いたるところ草茫々といった光景である。もちろん重要な部分は修築したが、すでに城郭としては必要でなくなっていたため荒廃にまかせ、取りこわされていった城内施設は少なくなかったと思われる。

城外では、参勤の必要のなくなった旧大名屋敷、東京から離散した旗本、御家人などの武家屋敷の空家が激増した。新政府は一定の基準でこれらの地を旧武士に割り当てたほかは、上納を命じて官有地とした。

明治二年八月の史料では、府下におよそ三百万坪の上地があったという。当然管理が行き届かず「当分草生茂《おいしげ》り、其上乞食体《こじきてい》の者所々へ露宿致し、行倒れ死人等もこれあり、右を差し構ひ候ものこれ無く、場所により候ては、荒野同様の姿」という情景であった。新政府もこの空地を放置するわけにいかず、桑、茶の樹の植付けを奨励し、明治六年にはこの空閑地利用の桑、茶畑が百万坪もあったという。

封建的な規制のなかで形成された江戸城、および江戸の武家町が、封建制の枠の撤去とともに崩れ去っていった一面が、これらの変化となってあらわれたわけである。

その反面には、当然新しい建設的な変化もあった。あいた武家屋敷には、しだいに新政府の官員が住みつくようになり、麴町一帯は武家町にかわる官吏の町になった。有力大名邸が集中していた西丸下および大手前、大名小路（現在の皇居前広場、大手前、丸の内、日比谷近辺）には新政府の役所や軍隊の施設が多くもうけられた。

この地域は、その後日本資本主義の発展とともにさらに大変貌をとげ、今日、官庁街、有力会社、銀行などの櫛比《しつぴ》するビル街となっている。

**華麗な明治宮殿**

宮殿再建の計画は明治六年の皇居炎上以来、何度もあったが、さまざまの障害でなかなか着工にはいたらなかった。

明治七年十月の太政官布達にもとづいて、明治九年には、工事費用百万円、五ヵ年計画による皇居造営案が立てられた。しかしこの案も、おりから勃発した西南戦争で延期になってしまった。

ついで明治十四年から本格化した造営計画が、図面、模型作製をへてようやく具体化し、現実に工事に着手するにいたったのは、明治十七年四月である。その後工事はさらに四ヵ年を要し、明治二十一年十月に完工した。これが西丸跡に建てられた明治宮殿である。

建物を木造にするか、石造か、あるいは煉瓦造にするか、いろいろ議論がたたかわされたが、結局、木造平屋建て（一部二階建もある）、銅瓦葺き入母屋《いりもや》造りの和風の建物と決定した。

完工までの総工費は約四百九十万円、現在の金額に換算すると天文学的な巨額になる。そして宮殿の完成とともに、これまでの皇城の名称を改めて宮城と呼ぶようになった。

明治宮殿の建物は三十六棟、これら全部を廊下でつないである。使用目的からいうと、公式の行事などに使われる表御殿と、天皇、皇后の住居である奥御殿とにわかれ、このあたりは旧江戸城の御殿の使い方に似ている。

表御殿には、正殿《せいでん》、豊明殿《ほうめいでん》、鳳凰《ほうおう》の間、千種《ちぐさ》の間、御座所そのほかの部屋と、南、東の両車寄《くるまよせ》があった。正殿は、天皇の皇位継承、そのほか重大な儀式をおこなう部屋である。明治二十二年二月十一日の明治憲法発布の式典も、この部屋でおこなった。

豊明殿はいわば宴会場であり、鳳凰の間は外国使臣の謁見や通常の儀式をおこなうのに用いた。御座所は天皇が日常の政務をとる部屋である。

奥御殿は外観、内部造作ともに大体和風建築であったが、表御殿は外観は和風、内部は洋風で、建物の総坪数は表奥あわせて一万二千六百七十五坪というから、大体旧江戸城本丸御殿に匹敵する大きさである。

表御殿の室内装飾は非常に豪華なもので、床は黒檀《こくたん》などの寄木張《よせぎば》り、天井は二重折上げの格天井《ごうてんじょう》で、これは江戸時代の殿館建築の伝統をうけている。壁や天井には緞子《どんす》をはりめぐらし、建具は朱色の漆塗りで、金色の装飾金具が輝いていた。室内でもちいるテーブルや椅子は、フランスのルイ王朝風のものを輸入してもちい、全体としてきわめてきらびやかな感じであるが、同じ華麗さでも、ここには江戸城の御殿のような重苦しさは姿を消していた。

明治宮殿は、大正、昭和の時代にも改築されずに維持されていたが、太平洋戦争中、昭和二十年五月の空襲で、ついに灰燼《かいじん》に帰した。今日皇居内に入ってみると、宮殿跡の広々とした芝生に、旧豊明殿前庭の巨大な青銅製水盤が残っているだけである。

その他、明治以降の建物で目ぼしいものをあげてみると、西丸跡の北側には石造建築の宮内庁庁舎、本丸跡には宮内庁書陵部（旧図書寮）や宮内庁楽部（雅楽の演奏場）、皇子御殿の呉竹寮《くれたけりょう》（昭和七年建設）などが建っている。また広大な吹上御苑の北の一角には御文庫（最近まで天皇の住居として利用されていた建物。じつは昭和十六年建設の防空壕）、南の一隅には賢所《かしこどころ》をはじめとする宮中三殿がある。旧江戸城の紅葉山にかわって、吹上御苑が宮城では神聖な場所となったわけである。

旧西丸の南側、桜田堀の内側には振天府《しんてんふ》、懐遠府《かいえんふ》などの建物がある。いずれも日清戦争、日露戦争などの明治以来の日本の対外戦争の記念品、戦利品などをおさめた建物で、日本の近代史と深いかかわりのある建物である。しかし現在は建物だけで、中には何も入っていないという。

このような明治、大正、昭和三代にわたる皇居のなかで、その中心となったのは、やはり明治宮殿であった。この明治宮殿の表御殿にルイ王朝風の雰囲気が取り入れられたことは、はなはだ興味あることである。ルイ王朝風の豪華さは、いうまでもなくフランス絶対王政の権力と富の象徴であった。とすれば、新興国日本の明治絶対主義政権の君主が、その宮殿を飾るのにルイ王朝風に心をひかれたというのも故ないことではなかったといえよう。

こうみてくると、江戸城が日本最大の封建君主の象徴であったように、明治の皇居は日本の絶対君主の象徴であったといって差支えないようである。そしてその皇居が、旧江戸城の継承の上に建設され、昭和二十年五月の空襲で灰燼に帰するまで存続したということも、象徴的ということができよう。

江戸城は十二世紀のなかばごろ江戸氏によって築かれてから、太田、上杉、北条、徳川、現在の皇室と、時代の変遷とともにそのあるじをかえてきた。その土地、堀、石垣には激しい歴史の移りかわりが刻みこまれている。そして今日、旧西丸、明治宮殿のあったその場所に、ふたたび新宮殿が建設されるという。こののち江戸城の新しいページにどのような歴史が書き込まれていくか、それは歴史の創造にかかわるわれわれ自身の問題でもあろう。

# 補　　稿――学術文庫版あとがきにかえて

昭和三十九年に『江戸城』を刊行したのち、江戸城に関して多くの著書論文が発表され、それは今日も続いている。その成果を吸収し総括することはもちろん重要であるが、研究の深化進展は多くのばあい細密な論点におよび、本書のような全体の姿を限られたページ数のうちで概観するという目的の記述とは、記述のバランスがとりにくい。そこで思い切って、江戸城自体についての新しい研究成果を加えることは別の機会をまつことにして、ここではその後の研究の進展に途をひらいた資料の発見などについて、私の知るところの若干を述べて「あとがき」にかえることにしたい。

## 江戸城とのかかわり

本書のもとになっている中公新書『江戸城』には、この本を執筆するようになった経緯などについてまったく記さなかったので、この改版の機会に、私と江戸城とのかかわりなどについて簡単にふれておきたい。

私が江戸城とかかわりをもつようになった発端は、昭和三十二年頃からはじまった『千代田区史』の編纂に参加したことにあった。私は大学卒業以来、江戸時代の都市史に関心をもってはいたが、とくに江戸を研究の対象として選んでいたわけではなかった。その頃私は、東京大学史料編纂所員になってまだ日の浅い時期であったが、編纂所の先輩である遠山茂樹・松島栄一・杉山博などの諸氏が、飯塚浩二氏を監修者とするこの区史編纂に参加されることになり、私にもお誘いがあったので末席につらなることになったのである。その結果、当時東京都都政史料館におられた川崎房五郎氏や、千代田区役所におられた鈴木昌雄氏などとも知りあうようになった。

東京の中央部をしめ、皇居＝旧江戸城の所在地でもある千代田区の区史であるから、都市としての江戸の形成と、その核である江戸城の歴史は、区史の主要テーマの一つである。なかでも、十六世紀末徳川家康の江戸打入りにはじまり、十九世紀なかばには人口百万をこえる大都市にまでなっていた江戸の都市形成と、十五代二世紀半にわたり将軍の居城であった江戸城の営築、構造などを具体的に究明することは、私たち近世担当者の課題であった。私個人としては、はじめは江戸の都市形成に関心がつよかったが、仕事が進むにしたがって、城郭とくに築城の過程に興味をもつようになった。よく知られているように、江戸城築城の最大の特色は全国の諸大名に助役を課した「天下普請」にある。江戸幕府が諸大名にいわゆる「御手伝普請」を強制するその仕組みが、幕藩体制を象徴していると思われたからで、私はしだいに江戸城に深入りするようになった。

区史編纂の過程では、当時まだ一般には見学など認められていなかった皇居内を見学・調査する機会にも恵まれた。昭和天皇が住居されていた吹上には入れなかったが、昭和二十年五月の空襲で焼失した明治宮殿跡（旧西丸）は、まだ広い空地のままであった。旧本丸跡には、宮内庁書陵部や楽部の建物は現在と同じだが、その他に呉竹寮、その他の平屋の木造家屋が多く建ち並び、皇居東御苑として公開されている現在の景観とはまったく異なっていた。明治以後皇居となって大きく変容してはいたが、現在ともまた異なる旧江戸城の姿を目のあたりにし、記憶にとどめることができたのは、まことに得がたい体験であった。

『千代田区史』（上・中・下三巻）は昭和三十五（一九六〇）年三月に刊行されたが、江戸の町と江戸城を中心とした近世の記述は上・中巻にわたり、それまでに刊行されていた他の区史などにくらべて、町の形成や江戸城について格段にくわしくなっている（のち平成十年に千代田区は『新編千代田区史通史編』を刊行しているが、これは別の本である）。私が中公新書『江戸城』を書くことになったのについては、以上のような千代田区史編纂での経験に負うところが大きい。

## 「江戸図屛風」の出現

『千代田区史』に続いて中公新書『江戸城』を執筆した昭和三十年代には、江戸城に関する文献は、ほとんど戦前に刊行された著作や史料集しか知られていなかった。『江戸城』の巻末にあげておいた参考文献を見るとそれがよくわかる。ところが『江戸城』を出版した直後のころから、これまでまったく知られていなかった新資料が発見され紹介されるようになった。その最初のものが、現在佐倉市の国立歴史民俗博物館所蔵となっている「江戸図屛風」で、これが世に出るについては、私もすこし関係があるので記しておきたい。

たしか昭和四十年の秋であったと思う。史料編纂所の私の部屋に日本美術史の山根有三教授（東京大学）がみえられ、「4×5判」のカラー写真のポジフィルムを渡され、江戸を描いた屏風のようだが描画内容を見てほしいとの御依頼であった。枚数は三、四十枚以上もあったかと記憶する。

明かりにかざして見て驚いた。剝落《はくらく》もほとんどなく、金雲の輝き、紺碧の水、樹木を描く緑青の緑、昨日完成したばかりかと思われるほどの色彩の鮮麗さである。描画内容の各部分を見て驚きはさらに深まった。町は間違いなく江戸である。その江戸の町を見おろすように、屏風の中央上部に五層の天守閣がそびえている。本丸・西丸には壮大な殿舎の屋根がならび、吹上には御三家の館がある。北ノ丸の駿河大納言忠長邸、江戸城周辺に配置された多数の大名屋敷にはどこも「日暮しの門」とよばれた絢爛豪華な御成門《おなりもん》を設けている。日本最大の巨城であった江戸城の偉容を、このように絵画によって視覚的に表現したものは、これまでまったく知られていなかったし、また描かれている内容も、従来わずかの文献をたよりに想像してきた明暦大火以前の古い姿をあざやかに示していた。

右のような私の所見を山根教授に報告し、江戸と江戸城についての第一級の貴重資料ではないかと申し述べたところ、さっそくこの屏風を実見するかということになり、私の記憶ではその日のうちにお供して原物を見にいったと思う。その屏風を置いてあったのは建設関係図書出版で著名な鹿島研究所出版会であった。ここにもと河出書房におられた佐藤弘一氏が役員をつとめておられ、佐藤氏から山根教授に相談があって、さらに私にも機会がまわってきたという事情などもこのとき判明した。

間近に見た江戸図屛風は、写真から想像したよりもいっそう華麗であり、描写内容も興味深いものがあった。大きさは六曲一双（タテ一六二・五×ヨコ三六五センチ×二面）、左隻・右隻を連結すると左右七三〇センチの大画面の中央上部（左隻の右端上部）に前記のような江戸城の姿が描かれ、左側（南）は品川・高輪・目黒、右側（北）は上野・浅草・川越・鴻巣までを含む江戸近郊、画面下部には神田・日本橋・京橋などの江戸の中心市街の景況を精細に書きこんである。そしてそれらの内容が三代将軍家光の事績と深くつながっていることもわかった。

聞けば、この屛風は鹿島家のものではなく、所蔵者は別であるという。その年の十二月に入ってから佐藤氏から連絡があり、事情があって江戸図屛風を出版する企画をたてるから、出版の意義などについての簡単な説明を書いてほしいとのことであった。願ってもないことだと私はそれまでの知見を二百字詰原稿用紙十四枚ほどに書き、史料編纂所の私の周囲におられた小西四郎・山口啓二・進士慶幹《しんじよしもと》氏などに同意の署名をいただいて、佐藤氏に送った。佐藤氏はこれに出版企画の稟議書を付して会社に提出したが、結局この企画は実現せずに終わった。

私たちが対面してから一年のち、はじめてこの屛風の存在が世に公表された。それは昭和四十一年十二月二十三日付発行の『アサヒグラフ』誌に、当時、文化財保護委員会におられた鈴木進氏（日本美術史）が「新発見の江戸屛風」と題する紹介文と写真を発表されたことによる。しかしこのときも屛風の所蔵者は明らかにされず、屛風は私たちの視界からは消えてしまった。再びめぐりあったのは、さらに二年ほどたった昭和四十三年頃であった。こんどは鈴木進氏を中心として、平凡社から図録と研究を出版する企画が成立し、そのために共同研究をもとうという話であった。メンバーは鈴木氏のほか村井益男（日本史）・平井聖（建築史）・山辺知行（服飾史）・萩原龍夫（民俗学）・石井謙治（船舶史）で、それぞれの専門分野から屛風の内容を調べることになり、足かけ四年にわたる共同研究の成果は、昭和四十六年三月『江戸図屛風』として刊行をみた。この本の反響はきわめて大きかった。多くの書評・紹介が書かれたほか、ＮＨＫテレビでも屛風を紹介する一時間（だったと記憶する）におよぶ座談会番組が組まれ、共同研究者一同が出席したこともあった。こうして、江戸城と江戸の町の姿を示す絵画史料として江戸図屛風は広く世に知られるようになった。

江戸図屛風の所蔵者は、共同研究がはじまった時点で林一夫氏と知らされたが、林家以前の伝来については現在にいたるまではっきりしていない。しかし、昭和五十六（一九八一）年、佐倉市に国立歴史民俗博物館が設立されると、林家から同館に所蔵が移り、現在では「歴博本江戸図屛風」として世に知られているので、以下これについて言及するときには「歴博本」と記すことにする。

これまで知られていなかったような新種類の資料が発見されると、それが刺激になって類似の新資料を連鎖的によびだすことがある。「江戸図屛風」の出現は、まさにそのような効果を発揮したように思える。平凡社から『江戸図屛風』が刊行されてから一年あまり後、昭和四十七年十二月、諏訪春雄・内藤昌著『江戸図屛風』（毎日新聞社）が出版された。この本は歴博本をふくめて、江戸市街が描写されている絵画十一種を〝江戸図屛風〟と総称して、これらによって江戸の景観を検討したものである。絵画史的検討を諏訪氏、建築史的検討を内藤氏が担当し、新しい指摘も多いのだが、ここではそのなかの一点「江戸名所図屛風」（出光美術館蔵）にふれておきたい。この屛風は八曲一双、立てならべると右端（北）は上野寛永寺と浅草寺、左端（南）は芝増上寺と芝海岸を限り、その間に芝居・遊所の歓楽や市街・水辺を往き交う人々の風俗をいきいきと描いたものである。そして画面の中央上部に左隻から右隻にかけて、江戸城が描かれている。ただし、それは歴博本のような江戸城の全景ではなく、天守閣と櫓・塀の一部を金雲の間にのぞかせただけである。つまり町の繁栄を謳歌する背景として、シンボルとしての江戸城を描き添えているにすぎない。したがって江戸城の絵としては、情報は少ないのであるが、注目されたのは天守閣の外観である。

私が原書の『江戸城』を書いたころは、江戸城天守閣を描いた絵は「東海道絵巻」しかなく、それによれば外観は白漆喰《しっくい》の総塗《ぬ》り込《ご》め造り、いわゆる白亜の天守閣であった。ただし、寛永九（一六三二）年刊とされる木版刷り江戸地図に描かれている天守は黒い壁になっているので疑問はあった。それが歴博本の出現によって大きく変わり、各層の軒下は白漆喰塗り込めだが腰壁は黒色で、全体の印象としては黒っぽい威圧的な感じの建造物と考えるようになっていた。そして、そこに追加されたのが「江戸名所図屛風」の天守閣で、それは歴博本の天守によく似た姿であった。もちろん、両者に細部では相違点があるのだが、それについての建築史的解釈などは略する。

江戸城に関連する絵画資料の発見は以後も続き、現在までに「山王祭礼図屏風」（本圀寺旧蔵、現在個人蔵）、「江戸京都図絵屏風」・「武州州学十二景図巻」（ともに江戸東京博物館蔵）、「石曳図屏風」（下田愛子氏蔵）などが紹介されている。これらによって、文献や図面類では知り得なかった新知見が得られたことも少なくない。

## 江戸城と大名家史料（藩政史料）

絵画資料の発掘とならんで、戦前には非公開で一般に利用できなかった旧大名家の藩政史料が、昭和三十年代以降公開される気運が高まったことも、江戸城研究の進展にさいわいした。

〝将軍の城江戸城〟の最大の特色は、それがひとり徳川氏の城であるばかりでなく、全国諸大名にもかかわりの深い城であったことである。それは築城の過程で御手伝普請として、直接工事に参加したことのほか、城の完成後も江戸参勤などの制度によって江戸城に登下城し、幕政や幕府行事・儀式などにかかわっていたからである。

御手伝普請については、戦前刊行の江戸城の基本史料集である『東京市史稿　皇城篇』にも多くの大名家史料が収録されており、広く利用されていたが、その内容は、各大名家が編纂した家史類からの採録が大部分である。しかし戦後、あたらしく調査してみると、こうした編纂史料のほかに、いわゆる原文書が少なからず残存することが判明してきた。私自身、長州藩毛利家史料、肥後藩細川家史料、土佐藩山内家史料の調査で、それを体験した。このような大名家史料を利用した研究成果は多数あるが、ここでは一例として、村井益男「近世初期の城郭建設」（『講座　日本技術の社会史　6　土木』所収。日本評論社）、松尾美恵子「近世初期大名普請役の動員形態」（『徳川林政史研究所研究紀要　昭和六十年度』所収）を挙げるにとどめる。

大名や役人が登城して政治や儀式・行事に参加する（この時代には儀式・行事に参加すること自体が、政治の一部である）ことと、江戸城とのかかわりについては、一般に制度史的研究が手薄な現況では、新しい成果は少ない。しかし最近になって深井雅海『図解　江戸城をよむ――大奥・中奥・表向』（原書房、一九九七年）・同『江戸城――本丸御殿と幕府政治』（中公新書、二〇〇八年）が出版された。

### 江戸城と発掘調査

発掘によって地下に埋没している遺構・遺物を確認する考古学調査も、江戸城研究の有力な手段である。

昭和五十四年の秋、竹橋に近接する東京国立近代美術館敷地内で遺跡が発見され、発掘調査がおこなわれた。この区域は江戸時代の北ノ丸であるから、近世以降の遺構・遺物が出土するのは当然であるが、発掘してみると、古くは旧石器時代以降の各時代の遺物が連続して出土し、関係者をおどろかせた。

中世についてみると、遺構としては土壙《どこう》群、井戸址、溝や濠址が発見され、遺物のなかには、鎌倉時代はじめに使われていた中国産青磁の破片もあり、これは江戸氏の活動との関係を想像させた。室町時代の遺物では、太田道灌時代に使われた中国産の青磁・白磁・染付磁器の破片があり、続く戦国時代のものとしては、鉄の鏃《やじり》、鉄砲玉、また瀬戸焼・美濃焼・常滑《とこなめ》焼の陶器片やカワラケなど、日用雑器多数があった。

この場所から遺構や遺物が発見されたことは、中世の江戸城がここまでをふくむ広がりをもっていたことを示している。中世の江戸城については、これまで文献のほかには物的史料がなかったところに、限られた範囲のものとはいえ、はじめて確実な物的史料の裏付けを得たことになり、貴重な発見であった。

明暦大火以前の江戸の大名屋敷に、金箔瓦を用いたものがあったことは、享保年間に書かれた大道寺友山の『落穂集《おちぼしゅう》』などの記述でよく知られている。歴博本「江戸図屏風」をみると、松平陸奥守(仙台伊達家)の上屋敷には、檜皮葺唐門《ひわだぶきからもん》造りの御成門に並んで、立派な瓦葺櫓門が設けられており、その屋根の軒瓦が丸く金色に塗ってある。これは軒瓦が金箔瓦であったことを示している。信長の安土城、秀吉の大坂城・聚楽第などにはじまる武家建築の金箔瓦使用が、江戸にも及んでいたのである。

皇居周辺区域の再開発工事にともなっておこなわれた調査では、このような大名屋敷で使われた金箔瓦が出土した。千代田区内神田二丁目の佐竹家屋敷跡からは、同家の扇紋軒丸瓦に、また丸の内三丁目の佐伯毛利家屋敷跡からは鯱《しゃち》瓦や鬼《おに》瓦の破片に金箔を使用したものがある。文献の記述が遺物で確認された例である。江戸城の建築物に金箔瓦が使われたという文献は、まだ見あたらないが、実際には西丸西側外の大道通《おおみちどおり》調査や二ノ丸石垣調査で、金箔瓦片が出土している。そこで絵画史料を再点検してみたところ、「山王祭礼図屛風」の天守閣最上層の軒瓦に、伊達家櫓門の軒瓦と同じ描写があるのに気付いた。これだけでは判断しにくいが、初期の江戸城内建築に金箔瓦が使われた可能性もでてきた。

江戸城の内郭部分にあたる皇居内では、旧西丸の新宮殿造営と、旧本丸・二ノ丸を中心とする皇居東御苑のほかには大規模工事はないが、皇居周辺の外郭部分は再開発の波にのって、大建設ラッシュが今も続いている。その結果、この地域にあった大名・旗本の武家屋敷や町屋の遺構が、ぞくぞくと発見された。これらの建設事業では、工事開始にともなって学術調査団が組織され、発掘された遺構・遺物を中心とする考古学的所見と、現地に関係する地図・地誌、あるいは前記のような、大名家史料などの文献から得られる知識とをつきあわせて考察する、総合的学術調査がおこなわれた例も少なくない。調査結果は詳細な報告書として刊行されるのが通例であり、厖大な量の報告書が蓄積されている。

城下町では、武家地・町地・寺社地ともに城と一体のものであるから、外郭地域のこのような報告は、すべて江戸城の貴重な資料ではある。しかし、あまりに視野を拡大することは避けて、直接的に城郭施設としてみとめられる外堀や、外堀筋に設けられた諸門の見附調査に例を限ってみてみよう。

このケースに該当する報告書は、牛込見附・市谷見附・四谷見附・赤坂見附・赤坂溜池・鍛冶橋見附・虎ノ門見附などについて十余冊をかぞえる。見附の枡形や門前橋の建設、工事資料としての木材・石材の調達と輸送、堀の開掘、石垣工事、工事関係諸大名と幕府との間の連絡調整にかかわる書類などの文献調査と、発見された遺構・遺物の詳細な記録がそれに盛り込まれている。関心のある方は直接報告書を見てほしい。しかし一般には、これらの調査によって江戸城と江戸の町の建設についてどのような新知見が得られたかの概要について、北原糸子著『江戸城外堀物語』（ちくま新書、一九九九年）が、適確で要を得た説明をされているので、これを一読するのがよいだろう。北原氏の専門は、文献を中心とする歴史学である。がしかし、十余年にわたる長期間この調査に参加され、文献史料の語るところと、発掘現場の考古学的要請とをいかに組み合わせ、新しい解釈にみちびくかの実際をつぶさに体験された。私自身もその作業の一部を分担した経緯もあって、そのことを私はよく知っている。

本文にも述べてあるように、寛永十三（一六三六）年の外郭工事は、徳川三代にわたる江戸城建設の総仕上げであったが、この本は、たんにその外堀工事の実情を解明しているだけではなく、私がこの稿で述べてきた絵画・文献・考古学などの新しい資料発見・発掘がどのように相互に影響しあい総合されて、江戸城の研究が進みつつあるかという研究情況をしらせてくれる内容でもある。

最後に、平成十九（二〇〇七）年一月から三月まで、江戸東京博物館で開催された特別展「江戸城」

について、一言ふれておきたい。この展覧会は、プロローグ・エピローグのほか、1江戸城のなりたち、2天下人と城、3徳川将軍の城、4登城、5儀礼——政治の舞台、6大奥と将軍の暮らし、の六項目の展示区分で構成されていた。城郭としての江戸城だけではなく、歴史の舞台としての江戸城全体の姿を示そうとしていた点で、まさに私が本書を書いた意図と非常に近いものを、資料展示という形式で提示しているように私には思われた。

もちろん私も見にでかけた。展示物は、目録によると二百四十九点の多数にのぼり、私がかねて実物を見たいと思いながら果たせないでいたものや、はじめて目にするものも相当数あり、楽しく有益な展覧会であった。会期は終了し、展示資料はそれぞれ返還されて、いま手許には百九十ページの図録が残っている。展示場は混雑しており、しかもガラスごしでは展示物の細部は見えない。私には手許の図録と展示品目録をたよりに、もっと詳細に内容を調査したいものが幾つもある。加齢にくわえて、老人特有の健康問題をかかえるようにはなったが、元気をだして勉強を続けたいとは思っている。私の江戸城探索は、まだ終わってはいない。

# 参考文献

## 資料として役立つ書物

『東京市史稿』皇城篇五冊　東京市　明治四十四年〜大正七年

長禄元年太田道灌の築城から、明治二十八年までの江戸城の沿革、とくに建造物の設置や改廃についての基本的な史料を網羅している。江戸城研究には不可欠の史料集である。

『江戸時代制度の研究』全二冊　松平太郎　大正八年　武家制度研究会

幕末に活躍した松平太郎の子である著者が、旧幕臣の協力によって江戸幕府の職制、典礼をまとめた著書である。柏書房から複刻本が出版されている。

『徳川制度史料』　小野清　昭和二年　六合館

幕府の典礼、行事などに関する史料をまとめてある。図面や表を多く収載している点も便利である。

『千代田城大奥』二冊　永島今四郎・太田贇雄　昭和二十八年　林書房

旧幕府の大奥関係者の見聞、談話をあつめて幕末の大奥の制度や生活を記した書物。大奥に関する古典であるが、談話のよせ集めであるため、内容に若干の混乱や誤りがある。

『御殿女中』　三田村鳶魚《えんぎょ》　昭和五年　春陽堂

大奥中﨟であった大岡ませ子の談話を中心に、大奥について記した書物。前記の『千代田城大奥』と併読すべき書物である。青蛙房から復刊された。

## 江戸城について参考となる書物

『千代田区史』上・中　千代田区役所　昭和三十五年

江戸氏以来の中世の江戸城、徳川氏による江戸城建設、明治時代になってからの皇居の変遷などについて一通りの知識を得るのに便利である。

『太田道灌』　前島康彦　昭和三十一年　太田道灌公事績顕彰会

太田道灌の伝記であるが、道灌時代の江戸城について詳しい。

『江戸城とその付近』　豊島寛彰　昭和三十五年　虹書房

江戸城の周辺をめぐりながら、その歴史的由来を歴史散歩風に書いてある。

『三田村鳶魚武家事典』　稲垣史生編　昭和三十三年　青蛙房

三田村鳶魚氏の著作内容を事項別に分類、編集して事典形式にまとめたもの。江戸城に関しての記事が多く、便利である。

『江戸時代の武家の生活』　進士慶幹　昭和三十六年　至文堂

武家の生活の一面として、江戸城中の勤務などを簡明に記述している。

『近世城郭史の研究』　鳥羽正雄　昭和三十七年　日本城郭協会

『城と城下町』　藤岡通夫　昭和二十七年　創元社

『城とその町』　伊藤ていじ　昭和三十八年　淡交新社

以上は直接江戸城には関係ないが、城郭史についての参考文献として手ごろの書物である。

# 江戸城関係略年表

| 西暦 | 年号 | 事項 |
|---|---|---|
| 12世紀半ば | | 江戸四郎重継、武蔵国に進出し、江戸の地に江戸館を築く。 |
| 一一八〇 | 治承 四 | 八月 江戸太郎重長、平氏軍に属して源氏軍の三浦義澄らを攻める。十月 源頼朝、下総から武蔵に進入し、重長、頼朝の幕下に属する。重長、武蔵の在庁職を与えられる。 |
| 一三三七 | 建武 四 | 七月 足利直義、江戸郷内前嶋をはじめ円覚寺領の諸庄園を安堵する（江戸郷の名、文書に初出）。 |
| 一三五八 | 延文 三 | 十月 江戸遠江守、新田義興を武蔵国矢口渡で謀殺する。 |
| 一四五七 | 長禄 元 | 四月 太田道灌、江戸城を築く。 |
| 一四七四 | 文明 六 | 六月 道灌、心敬僧都を江戸城に招き和歌の会を開く（武州江戸歌合）。この後文明十八年まで、万里らの文人を招き、しばしば風雅の集いを催す。 |
| 一四八六 | 十八 | 七月 道灌、上杉（扇谷）定正のため相模国糟屋の館で横死。江戸城は上杉氏の有となる。 |
| 一五〇五 | 永正 二 | 三月 上杉（扇谷）朝良、上杉（山内）顕定に降伏し江戸城に隠退する。 |
| 一五二四 | 大永 四 | 一月 上杉朝興、北条氏綱に敗れ、川越城に敗走する。江戸城は北条氏の有となる。 |
| 一五九〇 | 天正十八 | 四月 江戸城、豊臣軍に降伏。城は徳川家康の家臣戸田忠次が受けとる。七月 小田原城落城し北条氏滅びる。徳川家康の関東移封決定する。八月 徳川家康、江戸城に入城する（江戸打入り）。 |
| 一五九二 | 文禄 元 | 三月 西丸（新城、御隠居城）工事に着手。八月ごろ一応完成。 |

| | | |
|---|---|---|
| 一六〇〇 | 慶長 五 | 九月　関ヶ原合戦、徳川氏の覇権確立する。 |
| 一六〇二 | 七 | 六月　江戸城内に富士見文庫を建てる（紅葉山文庫の前身）。 |
| 一六〇三 | 八 | 二月　家康、征夷大将軍に任じられ江戸幕府を開く。三月　神田台を崩して外島洲崎を埋め立て江戸市街地を造成。 |
| 一六〇四 | 九 | 六月　江戸城拡張工事を発表。続いて西国大名に石材、木材の江戸輸送を命じる。 |
| 一六〇五 | 十 | 四月　徳川秀忠、二代将軍となる。 |
| 一六〇六 | 十一 | 三月　江戸城の大増築工事はじまる。藤堂高虎、縄張りをする。九月　将軍秀忠、本丸の新御殿に移る。 |
| 一六〇七 | 十二 | 江戸城修築を続行し、関東、奥羽、信越の大名に助役を命じる。天守閣、大手門、完成。二月　駿府城を修築する。七月　家康、駿府城に移る。 |
| 一六一一 | 十六 | 三月　奥羽、関東、信州の諸大名の助役により西丸修築。 |
| 一六一五 | 元和 元 | 五月　豊臣秀頼自殺し、豊臣氏滅びる。 |
| 一六一八 | 四 | 四月　紅葉山東照宮建築完成。関東大名に命じて西丸南堀を浚わせる。 |
| 一六二二 | 八 | 二月　本丸殿舎と天守台石垣改築に着手。翌年までにいずれも完成。 |
| 一六二四 | 寛永 元 | 九月　西丸殿舎（秀忠の隠居所）改築完成、秀忠入居。 |
| 一六二九 | 六 | 一月　江戸城拡張工事着手。助役高計三百四十二万石、石垣間数一千七百五十間、坪数四万四千五百三十三坪。 |
| 一六三四 | 十一 | 六月　山王祭り、はじめて江戸城に入るという。 |
| 一六三五 | 十二 | 六月　二ノ丸拡張工事完成。武家諸法度を改正し、参勤交代の制を定める。 |
| 一六三六 | 十三 | 一月　外郭修築工事に着手。七月　外郭堀普請完成。十一月　前年焼失の西丸殿舎再建工事完成。江戸城の内郭・外郭完成する。 |

| | | |
|---|---|---|
| 一六三九 | 一六 | 七月　紅葉山文庫建築に着手。ポルトガル人の来航、居住を禁止し、鎖国完成。八月　本丸殿舎焼失。翌年再建完成。 |
| 一六五七 | 明暦　三 | 一月　明暦の江戸大火（振袖火事）。江戸城も西丸殿舎をのぞいて天守閣、本丸、二ノ丸などすべて焼失。 |
| 一六五九 | 万治　二 | 八月　本丸御殿再建完成。江戸城復興なる。ただし天守閣は再建されず。九月　殿中での諸士着座の席順を定める。 |
| 一六六六 | 寛文　六 | 八月　辰ノ口評定所の建物を新築。 |
| 一六八四 | 貞享　元 | 八月　若年寄稲葉正休、城中にて大老堀田正俊を刺殺。こののち御用部屋を設ける。 |
| 一六八八 | 元禄　元 | 九月　神田祭り、はじめて江戸城に入るという。 |
| 一六九一 | 四 | 二月　ケンペル、江戸城に登城し将軍に謁見。 |
| 一七〇一 | 十四 | 三月　浅野長矩、吉良義央を殿中松之廊下で刃傷。 |
| 一七一二 | 正徳　二 | 七月　本丸修理。塀重門を京風の四足門に改築する。この前後、新井白石が京都公家風の儀式典礼を殿中に採用（文治主義のあらわれ）。吹上上覧所を設ける。 |
| 一七一四 | 四 | 四月　大奥女中絵島らを流罪にする（絵島・生島事件） |
| 一七一六 | 享保　元 | 五月　徳川吉宗、八代将軍となる。以後、享保改革を断行し、緊縮政治をおこなう。 |
| 一七二一 | 六 | 八月　評定所に目安箱を設ける。 |
| 一七二二 | 七 | 五月　江戸城外郭の塀を廃止して松を植える。 |
| 一七三〇 | 十五 | 十一月　吉宗の子宗武、田安家をおこし田安門内に邸を与えられる（三卿のはじめ）。 |
| 一七三四 | 十九 | 救荒食物として甘藷を城中吹上苑に試植させる。 |
| 一七四〇 | 元文　五 | 十一月　吉宗の子宗尹、一橋家をおこす。 |
| 一七四五 | 延享　二 | 九月　吉宗隠退し、徳川家重、九代将軍となる。 |
| 一七五六 | 宝暦　六 | 五月　大岡忠光、側用人となる。 |

| | | |
|---|---|---|
| 一七六七 | 明和　四 | 七月　田沼意次、側用人となる（田沼時代はじまる）。 |
| 一七八四 | 天明　四 | 三月　佐野政言、殿中にて若年寄田沼意知を刺殺。この前後、天明の大飢饉。諸国に百姓一揆おこる。 |
| 一七八七 | 七 | 三月　徳川家斉、十一代将軍となる。六月　松平定信、老中となる（寛政改革はじまる）。 |
| 一七九三 | 寛政　五 | 七月　松平定信、老中を免ぜられる。以後、将軍家斉の放漫政治となる（化政文化の繁栄）。大奥空前の繁栄をしめす。 |
| 一八三八 | 天保　九 | 三月　西丸全焼。復興は水野忠邦が監督し、翌年十二月完成。 |
| 一八四一 | 十二 | 五月　老中水野忠邦、幕政改革に着手、倹約を命ずる（天保改革はじまる）。 |
| 一八四四 | 弘化　元 | 五月　本丸全焼。翌年二月殿舎再建成る。八月　幕府に開国を勧告するオランダの国書を長崎奉行が受領。 |
| 一八五二 | 嘉永　五 | 六月　西丸全焼。同年十二月殿舎再建成る。 |
| 一八五三 | 六 | 六月　ペルリ浦賀に来航、通商を求める。七月　幕府、米国国書を諸大名らに示し、外交方針の意見を求める。 |
| 一八五四 | 安政　元 | 三月　日米和親条約締結。 |
| 一八五七 | 四 | 十月　米国総領事ハリス、将軍家定に謁し、通商開始を説く。 |
| 一八五八 | 五 | 四月　井伊直弼、大老となる。六月　日米修好通商条約調印。八月　安政の大獄はじまる。<br>十月　徳川家茂、十四代将軍となる。 |
| 一八五九 | 六 | 十月　本丸全焼。翌年十一月殿舎再建成る。 |
| 一八六〇 | 万延　元 | 三月　井伊直弼、水戸浪士らに暗殺される（桜田門外の変）。 |
| 一八六一 | 文久　元 | 十月　皇妹和宮親子内親王、将軍家茂に降嫁のため東下、翌年二月婚儀（公武合体運動）。 |
| 一八六二 | 二 | 一月　老中安藤信正、水戸浪士らに襲われる（坂下門外の変）。 |

| | | |
|---|---|---|
| 一八六三 | 三 | 二月　将軍家茂、江戸城を発して上洛。四月　幕府、攘夷実行を決定。六月　西丸焼失。翌年仮殿舎成る。八月　攘夷派公卿失脚（八・一八政変）。十一月　本丸、二ノ丸焼失。本丸は以後再建されず。 |
| 一八六四 | 元治　元 | 八月　幕府、第一回長州征伐を開始。十一月　長州藩降伏。 |
| 一八六五 | 慶応　元 | 五月　家茂、第二回長州征伐のため江戸城を出発。 |
| 一八六六 | 二 | 七月　家茂、大坂城にて歿す。長州征伐中止。十二月　徳川慶喜、十五代将軍となる。 |
| 一八六七 | 三 | 一月　明治天皇践祚。十月　徳川慶喜、将軍職を辞す（大政奉還）。十二月　王政復古の大号令出る。 |
| 一八六八 | 明治　元 | 一月　鳥羽・伏見の戦に幕軍敗北。二月　慶喜、江戸城に帰り恭順の意を表す。四月　江戸城開城。七月　江戸を東京と改称。十月　天皇、東京に行幸、江戸城に入る。江戸城を東京城と改称し、皇居とする。 |
| 一八七〇 | 三 | 十一月　半蔵門など五門の渡り櫓撤去。以後、明治五年ごろまでに城郭外周の諸門撤去。 |
| 一八七三 | 六 | 五月　皇居（旧江戸城西丸仮御殿）炎上。 |
| 一八八四 | 十七 | 四月　皇居新宮殿造営着工。 |
| 一八八八 | 二十一 | 十月　新宮殿完成。皇居を改称して宮城と呼ぶ。 |
| 一八八九 | 二十二 | 二月　新宮殿正殿において大日本帝国憲法発布の式典おこなわれる。 |

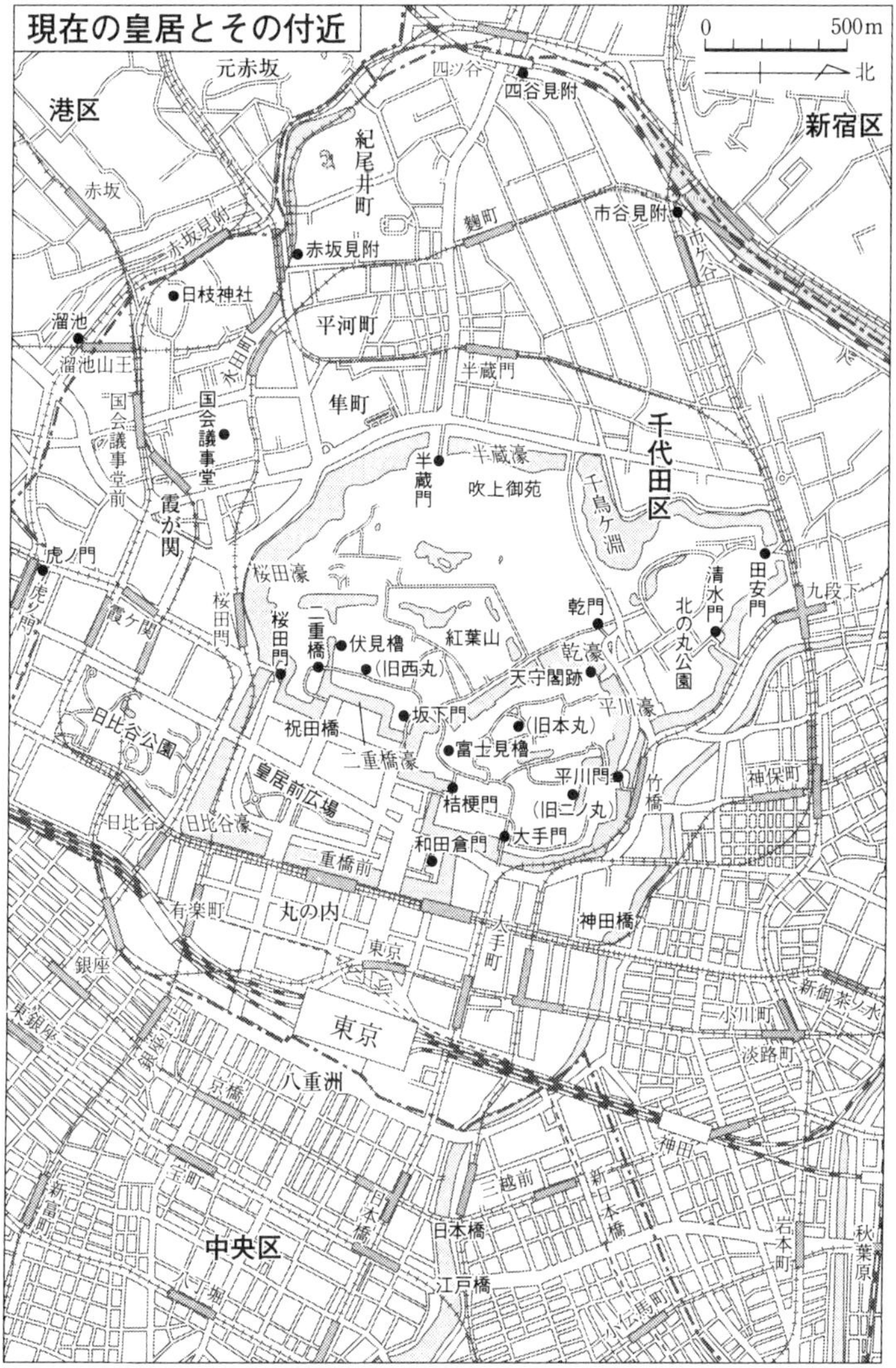
0
500m
北
元赤坂
港区
新宿区
四ツ谷
四谷見附
紀尾井町
赤坂
赤坂見附
麹町
市谷見附
市ケ谷
日枝神社
平河町
溜池
溜池山王
永田町
半蔵門
隼町
国会議事堂前
国会議事堂
千代田区
半蔵門
半蔵濠
吹上御苑
千鳥ケ淵
霞が関
虎ノ門
田安門
清水門
九段下
桜田濠
北の丸公園
乾門
桜田門
桜田門
二重橋
伏見櫓
紅葉山
霞ケ関
乾濠
(旧西丸)
天守閣跡
平川濠
日比谷公園
坂下門
祝田橋
(旧本丸)
富士見櫓
二重橋濠
皇居前広場
平川門
竹橋
神保町
桔梗門
(旧二ノ丸)
日比谷
日比谷濠
大手門
和田倉門
二重橋前
有楽町
丸の内
大手町
神田橋
東京
銀座
新御茶ノ水
東銀座
小川町
東京
淡路町
八重洲
京橋
神田
宝町
三越前
新日本橋
新富町
日本橋
日本橋
岩本町
秋葉原
中央区
江戸橋
八丁堀
小伝馬町
現在の皇居とその付近

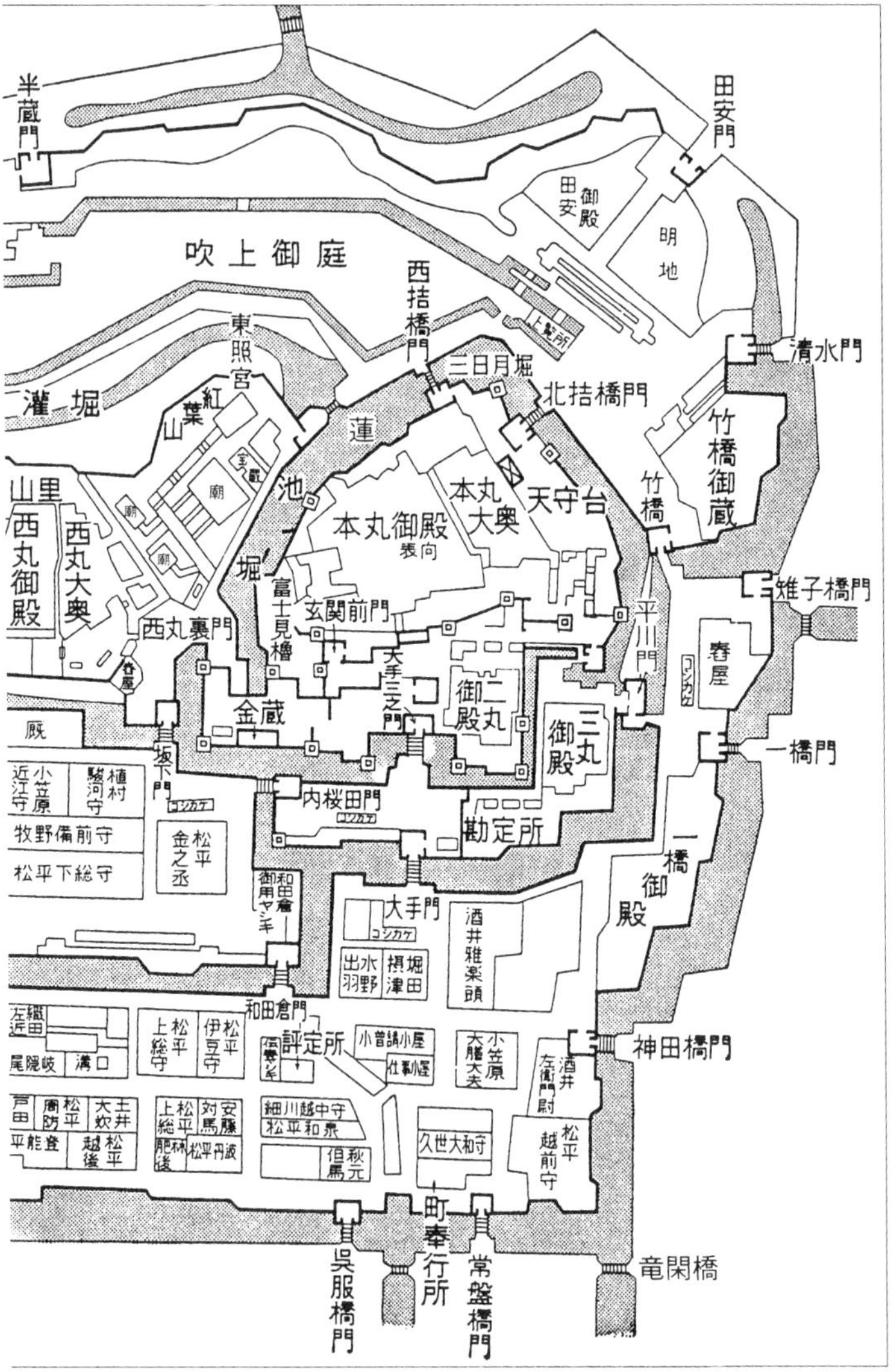

半蔵門
田安門
田安御殿
明地
吹上御庭
西拮橋門
上覧所
東照宮
清水門
三日月堀
北拮橋門
灌堀
紅葉山
蓮池
竹橋御蔵
廟
宝蔵
山里
本丸大奥
天守台
竹橋
西丸御殿
西丸大奥
本丸御殿
表向
堀
富士見櫓
玄関前門
雉子橋門
平川門
西丸裏門
大手三之門
春屋
コシカケ
金蔵
御殿二丸
三丸御殿
一橋門
坂下門
内桜田門
勘定所
近江守
小笠原
駿河守
植村
牧野備前守
松平金之丞
松平下総守
和田倉御用ヤシキ
大手門
一橋御殿
酒井雅楽頭
出羽
水野
摂津
堀田
和田倉門
評定所
小普請小屋
大膳大夫
小笠原
神田橋門
酒井左衛門尉
溝口
細川越中守
松平和泉
久世大和守
松平越前守
但馬
秋元
町奉行所
呉服橋門
常盤橋門
竜閑橋

1800年頃の江戸城とその付近

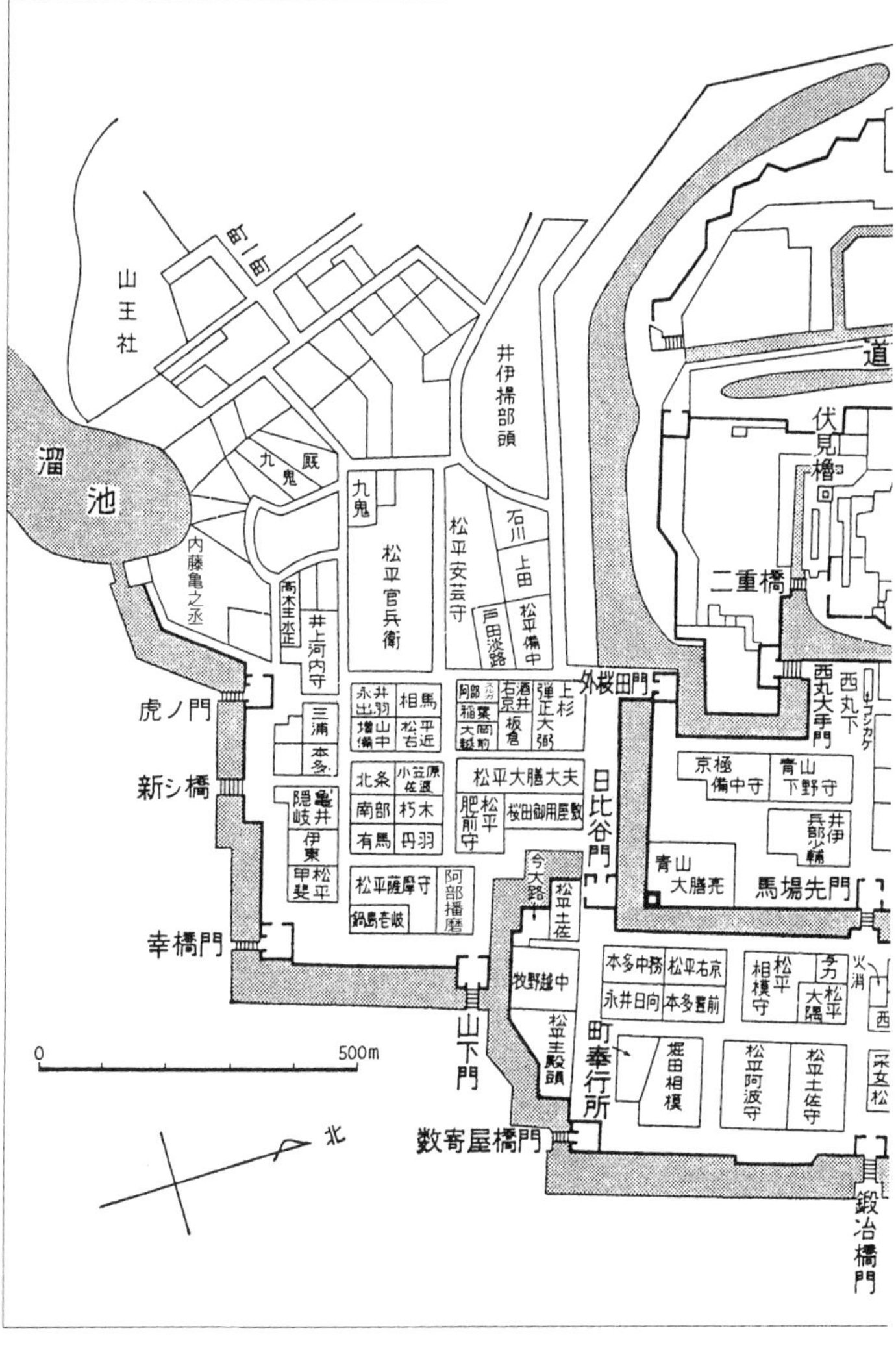

# 村井益男著『江戸城』を読んで

松尾政司

## 一　村井益男先生のまなざし

『江戸城』の著者村井益男先生は、「江戸城には他の城にはみられない大きな歴史的意義があっ」た。「歴史のなかで占めた重みを知ってこそ、はじめて納得できる」と説く（中公新書版「まえがき」）。中公新書は昭和三十九（一九六四）年七月発行で、平成二十（二〇〇八）年七月に講談社学術文庫としても発行された。著者が最も大切にしているのが「歴史のなかでの江戸城の重み」である。では、村井先生はどのようなまなざしで「江戸城」を見つめていたのであろうか。ここに一つのヒントがある。『江戸城』に先行して「歴史の基底をつちかってきたのは常に多くの名もなき人間」で、「これらの人々の思考と行動が、やはり時代を大きく規制して歴史を形づくっている」（「吉野織部之助と村づくり」『日本人物史大系』第三巻、一九五九年）と述べている。

村井先生は、『江戸城』執筆の経緯を、「私が江戸城とかかわりをもつようになった発端は、昭和三十二年頃からはじまった『千代田区史』の編纂に参加したことにあった」「私は大学卒業以来、江戸時代の都市史に関心をもっていた」（「補稿　学術文庫版あとがきにかえて」）と述べている。確かに、都市史に関心が強かったようで、「城下職人町に関する一考察」（伊東多三郎編『国民生活史研究2』、一九五九年）や『江戸商業と伊勢店』（一九六二年）では「第一章　江戸市街の発展と商業（第一節　徳川家康の関東移封と江戸、第二節　江戸城下町の建設、第三節　町の構成、第四節　大伝馬町と伝馬役）」など都市江戸について執筆している。

## 二　『江戸城』の構成と内容

本書『江戸城』は、1　江戸氏の館、2　道灌築城、3　関東転封、4　天下普請、5　築城術、6　江戸城の構造、7　城内の諸役所、8　年中行事、9　城内の生活、10　江戸城開城、11　皇城の十一章に分かれている。ここでは、家康の江戸転封と江戸築城への展開、軍事拠点の江戸・江戸城から、全国支配の中央政庁へと大発展・変貌する歩みを、「3　関東転封」、「4　天下普請、5　築城術、6　江戸城の構造」、「7　城内の諸役所」で紹介したい。

また「君主の私的生活と公的な政治とのかかわりが大きい封建政治では、このような城中の生活面も軽視できない」（まえがき）と「江戸城」を単なる城郭建築史に終わらせず、「君主＝将軍の私生活」を重視した視点で「8　年中行事、9　城内の生活」も紹介したい。

3　**関東転封**……徳川家康の東海地方から関東への転封はどのような意味を持っているかと問題提起していく論法である。この関東転封は、土着性の強い三河武士を従来の支配地との縁を断ち切り、新しく近世的な家臣団に編成する絶好の機会とした家康の決断によると説く。その転封先として、小田原・鎌倉でなく、波静かな江戸湾に位置し、海上交通の便のよい江戸を選んだ。家康は「爰《ここ》モカシコモ汐入ノ茅原」の江戸に、入城と同時に平川の河口から江戸城に通じる道三堀の開削にかかり、堀沿いに最初の町人町を造った。同時に大久保藤五郎に神田上水の設置を命じ、家臣団の知行割り、屋敷割りにも着手する。堅固に守ることを第一とする中世的城ではなく、一国から数ヵ国に及ぶ領国経営の中心地として江戸に城下町を建設する。将来を見通して発展拡張可能な江戸を選んだことは、家康の新時代に対する見通しのよさを感じることができると評価する。

4　**天下普請**……関ヶ原の戦いに勝利した徳川家康が慶長八（一六〇三）年二月に征夷大将軍に就くと、江戸は日本全国の政治的中心になった。その三月から大規模な江戸城の拡張工事、〝天下普請〟にかかる。まず、海岸の埋め立に着手し、工事は福島正則ら七〇家に命じた。所領高で約二二〇万石余の領地から一〇〇〇石につき一人の割合で人夫を動員する。諸大名は将軍への忠誠の証として、競って規定の割合よりも多く人夫を出した。約三、四万人が日本橋浜町から南の新橋付近までの工事に従事した。名もなき人々によって江戸の町が造られたのである。埋め立に際しては計画的に水路を埋め残して掘割りとし、江戸湾から入る舟着場も造った。日本橋を架橋し、東海道を市街地の中央に付け替えるなど周到な都市計画のもとに大江戸の大拡張工事に取り組む。江戸城の基本設計をめぐる家康と城造りの名手藤堂高虎との逸話やイスパニア人ドン・ロドリゴの江戸城見聞録の紹介もある。工事を負担した大名の分担場所や過重な負担による苦労の数々。そして、慶長十二年、同十九年、寛永十三(一六三六)年の工事の範囲が地図で示され、江戸城の拡張・発展の経緯が十分に理解できる。因みに寛永十三年は最後の外郭修築大工事であったが、動員された大名の役高は総計六六四万五〇〇〇石であった。

**5 築城術**……大城郭江戸城に注ぎ込まれた築城資材や技術に言及。江戸城普請で動員された人足の事例として秋田佐竹氏や萩毛利氏を取り上げている。佐竹氏は人足に脇指を持たせ、衣裳も見苦しくないように注意する競争意識。築城の土木工事の中心は石垣工事であった。石材の主産地は相模と伊豆で、各大名は現地に石切り場を設ける。切り出した石材には、家紋を切り込んで目印とする工夫も。石切り場から巨石を運び出す苦労の数々。大風による沈没事故も多く、慶長十一(一六〇六)年五月には鍋島勝茂の船一二〇艘をはじめ何百艘も転覆し、多数の死者を出した。江戸の舟着場で石船より巨石を陸揚げする技術。石垣の積み方の技術について野づら積、打込接、切込接、算木積の技法の紹介。石垣工事に取り掛かる各大名の工法の違い。日比谷辺での浅野家と加藤家の石垣普請の技術的差異や大事故の事例。壮大な石垣を簡単な道具を駆使して構築した名もなき石工たちの高い技量についての言及も忘れない。

築城の素材として良質の巨材を確保する取り組みについては、山林を調査し、築城の二年前から準備にかかる周到さも紹介。その伐採業者が江戸材木問屋の起源となったことや他に白亜の白壁のもとになる石灰の生成にも触れている。

建築を担当した御用大工の詳しい来歴は不明のようだ。多くは合戦に従軍して陣小屋の作事などを担当した歴戦の士である。歴戦の大工たちは、駿府城、名古屋城などの城郭建築や、京都御所、芝増上寺、日光東照宮などでも存分に技量を発揮する。近江岩倉の石工職人は安土城、大坂城、京都方広寺の工事ばかりでなく日本最初の石柱橋、京都三条大橋の石柱工事で優れた手腕を発揮。この職人集団も江戸城本丸、西丸などの殿舎に付属する精密な石細工を担当したと推測する。江戸城は無名の職人集団の技術の賜物で、日本の全労働力と最高の建設技術が惜しみなく投入された当時の日本人の活力を示す巨大な記念碑であったと評価する。

**6　江戸城の構造**……江戸城は内郭内に大坂城の外郭全体を呑み込むほどの巨大な城である。その外郭内に神田の職人町などを取り込み、城と城下町が一体化した構造である。内郭は本丸、西丸、北ノ丸、吹上の四部分である。築城当時の軍事施設、堅固な城郭は、政治的威圧の城へと役割を変え、近世日本の行政の中枢をなした。諸大名の江戸屋敷の配置は、幕府役人の公邸地帯と外様大名の屋敷地に分けられる。よって江戸城がもつ全国支配の政治的性質が示されていると指摘する。

江戸城の城門は九二門あった。各門の配置や警備の状況、警衛の心得について解説、そして枡形門の形式の違いにも触れ、より具体的に桜田門を例に防御上の得失を論じる。江戸城の堀は約二六キロメートル。堀の上は石垣と一部芝土居である。櫓や塀には矢狭間、鉄砲狭間がある。石狭間は藤堂高虎が考案した由。櫓のうち富士見櫓には石落しの仕掛けがあり、明暦の大火後は天守閣の代用となった。

江戸城天守閣に関わる逸話が数々紹介されているが、天守閣は石垣の下から金のシャチの一番上までの高さが二八間五尺（約五一・五メートル）で日本最大の天守閣で、将軍の居城にふさわしい。明暦三（一六五七）年正月十八日の大火で江戸城本丸も天守閣も焼失した。江戸市街の六割以上、多くの大名の屋敷も焼失し、死者は一〇万人を超えた。加賀前田家が再建の天守台石垣普請を担当した。天守閣は、時の将軍補佐役保科正之の主張で再建されなかった。明暦の大火後、オランダ流の測量術で実測した正確な『御城内江戸町中侍屋敷之絵図』に基づき、火災防止策を講じた江戸復興計画が進められる。御三家の屋敷を江戸城外に移し、江戸城に近い大名屋敷、社寺も移転させた。また、防火地帯として上野広小路などを造り、松を植えて火除土手もつくった。明暦の大火後、江戸城の軍事的性格は弱まり、幕府政庁としての性格が強化されたと見ている。

**7　城内の諸役所**……江戸城本丸御殿は慶長十一年に本格的に建築され、以来五回炎上焼失したが、規模や間取りは基本的に変わっていない。本丸御殿は表向、中奥向、大奥の三つに区別されている。表向は謁見や儀式の御殿であり、老中以下諸役人が政務を執る中央官庁であった。中奥は将軍が政務を見る将軍公邸。大奥は将軍の夫人などの生活の場で将軍の私邸にあたる。弘化二（一八四五）年に再建した本丸御殿の建築面積は一万一三七三坪。西丸も本丸御殿と同じ構造であったが建坪の総計は六五七四坪であった。

本丸御殿は幕府役人の執務室である。幕府の役職は役方と番方に分けられ、役方は老中以下の行政官吏である。番方は大番に代表される武官で、城中の所定の場所に詰めて警衛に当たり、将軍出遊の時に随行する。表御殿については解説も詳細で、登城者の順路の解説と「本丸御殿表向間取図」で対照して読み進めると理解が容易である。大広間は俗に千畳敷と言われる規模である。大広間、白書院、黒書院などの役割についても簡にして要領よくまとめられている。諸大名、諸役人が江戸城中に登城した時の着座の席次も、明暦の大火後、煩雑化、厳格化となる。それは身分と格式によって上下の関係を規定し、階層的な秩序を維持しようとする封建政治の本質に由来すると説く。

御用部屋は幕閣の最高首脳の老中、若年寄の執務室である。内に炉が切ってある。密談の時、秘密漏洩の防止のために火箸で炉の灰の上に文字を書いて協議することに由来がある由。中奥の将軍の御座之間近くに相談部屋があった。貞享元（一六八四）年八月大老堀田正俊が若年寄稲葉正休に殺害されたことで、将軍の居室から距離をおいて御用部屋を設けた。ここに取次役の御側御用人の職が設けられた。幕府の書類作成係の奥右筆は、営繕、土木の助役大名の選定を実質的に取り仕切る大きな権限を持った。ある奥右筆が進物として八百善の多額の料理切手を贈られた逸話の紹介もある。役人の

江戸城への登城口は、玄関の右側（東側）を通って進み、中ノ口、または御長屋門を抜けて御納戸口から入る。入城した諸役人はそれぞれの役職ごとの控室で身なりを整え、休息して、各部署で執務する。中ノ口は、幕臣が支給される俸禄米をお金に換算する公定相場が貼り出される場所でもあった。

**8 年中行事**……大名の登城する門や下馬所、下乗所、乗物や供連れ、殿中での控所、かつ、従者の規定が身分格式によって細かく規定されていることに言及している。将軍と大名の謁見の際の服装や謁見の場所についても細かく紹介されている。元禄五（一六九二）年二月オランダ商館長の江戸参府に随行したドイツ人医師ケンペルは、江戸城大広間で五代将軍綱吉と正式の謁見した。その後の第二の謁見での綱吉とケンペルの問答がユニークである。綱吉は不老長生の妙薬に強い関心をもち、ケンペルに「不老長生の薬を発見したヨーロッパ人医師はあるか」と尋ねている。綱吉はケンペルに歌や踊りを所望するなど「珍問答の日本皇帝」として名を広く知られたという。この綱吉の好奇心が端緒となり、やがて蘭学勃興に繋がったと評価している。

**9 城内の生活**……江戸城は幕府の政庁でもある。老中・若年寄以下諸役人の勤務場所である。すなわち、老中・若年寄以下の諸役人の勤務内容についても具体的である。将軍の一日の生活行動も記されている。起床は、宿直の小姓の「もう」の触れ出しではじまる。将軍の身支度、医師の健康診断、朝食、老中の挨拶、そして林大学頭の講義に剣術、弓、槍の修業。午後は政務を執る。書類に目を通す、夕方には風呂に入る。夕食は中奥で摂るが、大奥の場合もあった。十時頃に寝所に入る。中奥では御休息之間上段が寝室であった（「本丸御殿中奥間取図」参照。一五七頁）。

大奥では大奥に仕える奥女中の職制が詳述されている。将軍附の中臈についても具体的に述べられ、将軍からお伽を所望された事例の紹介。将軍の側妾の最多は十一代将軍家斉で四十人、うち子供を生んだのが十六人で御台所と合わせて十七人から五十五人の子供が生まれた。歴代将軍の中から正室から生まれているのは、三代将軍家光と十五将軍慶喜（ただし、水戸斉昭の子）だけである。田沼時代、家斉時代には大奥の政治向への口出しは、防ぎきれなかったとの指摘もしている。

## 三　村井益男先生と『国史大辞典』——「江戸」「江戸城」——

『国史大辞典』（国史大辞典編集委員会、吉川弘文館、一九七九年三月第一巻発行）の「えど　江戸」関係は、「えど　江戸」にはじまり、「江戸湾の防備」まで五四項目である。このうち村井先生の担当は一七項目に及ぶ。しかも、「江戸」の場合は、「上水道」から「青山上水」「亀有上水」「神田上水」「小石川上水」「千川上水」「玉川上水」「三田上水」が立項され、うち「青山・亀有・神田・小石川」を村井先生が執筆している。「江戸の大火」も執筆し、関連項目「寛政の江戸大火」「元禄の江戸大火」「天和の江戸大火」「明暦の江戸大火」「明和の江戸大火」のうち、「天和の江戸大火」は池上彰彦氏であるが、他の四大火は、村井先生の執筆である。中でも、「江戸城」は「沿革」「規模・構造と殿舎」「城門と櫓」に及ぶ。字数は、六〇六〇字程になる。さらに、「江戸城本丸・西ノ丸殿舎・櫓配置図」「江戸城本丸表・中奥・大奥図」や別刷の「江戸名所図屛風」や『旧江戸城写真帖』『江戸三十六城門画帖』、現況写真九十六点についての解説も要領よくまとめられている。また、「江戸藩邸」は「大名屋敷」での記述となり、村井先生が執筆（二五八〇字弱と別刷・屛風絵・切絵図・写真一頁）。因みに、伊東多三郎氏執筆の「江戸幕府」は約六八〇〇字程。ただし、「江戸幕府将軍一覧」「江戸幕府職制一覧」は、字数計算から除いた。「財政」（執筆は大野瑞男氏）は五五四〇字程である。

『国史大辞典』に限らず、『江戸学事典』（弘文堂、一九八四年）でも、村井先生が「江戸城」「大奥」「大名屋敷」「留守居役」「旗本・御家人」「浪人」「拝領屋敷」「辻番」を執筆している。『江戸図屛風』（平凡社、一九七一年）で「江戸図屛風の歴史的背景」、『日本名城集成　江戸城』（小学館、一九八六年）で「江戸と江戸城の歴史」を執筆するなど「歴史のなかでの江戸城の重み」に取り組んでこられていた。

## 四　村井先生と小生の関わり――村井先生の教え――

村井先生は大正十五（一九二六）年九月九日香川県長尾町（現在のさぬき市）に生まれた。昭和十八（一九四三）年三月名古屋陸軍幼年学校を卒業し、昭和二十年八月陸軍航空士官学校を中退、復員した。

そして、昭和二十一年四月に戦後第一回目の旧制学部で日本大学法文学部に入学し、昭和二十四年三月に卒業した。四月に法文学部助手（史学研究室）に就き、昭和二十八年東京大学史料編纂所に移られた。そして、昭和四十八年四月に東京大学助教授、昭和五十六年東京大学教授に進み、同五十七年三月に東京大学を退職した。史料編纂所では、『大日本近世史料　細川家史料』などを担当している。四月に日本大学教授（法学部・文理学部兼担）に就いた。平成八（一九九六）年九月日本大学教授を定年退職後も引き続き非常勤講師を勤められていたが平成二十三年六月十四日ご逝去された。八十五歳。

村井先生からは、実に多くのお教えを受けた。日本大学文理学部史学科有志（団長杉本勲教授）が、昭和三十（一九五五）年夏から栃木県小山市周辺諸町村の史料調査に取り組んでいた。村井先生もその一員として、たびたび現地を訪れていた。昭和三十七年夏の調査に小生も同行させていただき、東北本線石橋駅前の旅館で先生と同部屋になった。小生が香川県観音寺市出身ということで、同郷の誼もあって、以後なにくれとなくご指導をいただくようになった。卒業論文のテーマは「宝暦期政局の動向について」（『歴史地理』第九一巻四号）と題して、御側御用人制度などについて調べた。指導は杉本勲・岩生成一教授であったが、「幕政史に関わるから、進士慶幹・村井両先輩にお教えをいただきなさい」と助言され、たびたび両先生のアドバイスをいただいた。さらに先輩の北原章男氏からも助言をいただいた。

北原章男氏は、『徳川実紀』の索引作成を進士・村井先生の助言を得ながら進めていた。そこに小生も参加することになった。ある程度、『徳川実紀』の索引項目が蓄積された時、「カードに採る必要事項を相談する」会として、杉本・進士・村井先生と北原氏が「徳川実紀研究会」を立ち上げ、小生も末席に加わった。会合は毎月一回吉川弘文館で開かれた。大学在学中から諸知識不足の小生を村井先生は、根気よく導いて下さった。『図説　徳川家康』（河出書房新社、一九九九年）で村井先生が「序章　信長・秀吉から家康の徳川時代へ」を執筆され、小生も「第五章　人物事典―徳川三代の家族」を執筆したことは忘れがたい。

## 五　江戸城研究に弾みを

昭和三十九（一九六四）年当時は、江戸城についての研究は、はなはだ少なかった。しかし村井益男著『江戸城』の刊行以後、江戸城に関する多くの著書論文が発表されている。その意味では、村井先生の『江戸城』が江戸城研究に大きな弾みとなったことについて異論はあるまい。深井雅海氏は「江戸城に関心をもったのは、学生時代に村井益男氏の名著『江戸城』（中公新書45）を読んでからである。同書に掲載されている本丸御殿の間取図やわかりやすい解説によって、江戸時代についてのイメージが大きく膨らんだ」（『図解　江戸城をよむ』あとがき、原書房、一九九七年）とも述べている。以後、内藤昌著『江戸と江戸城』（鹿島出版会、一九六六年）、鈴木理生著『江戸と城下町』（新人物往来社、一九七六年）、畑尚子著『江戸奥女中物語』（講談社現代新書、二〇〇一年）、同『徳川政権下の大奥と奥女中』（岩波書店、二〇〇九年）、山本博文著『大奥学事始め』（日本放送出版協会、二〇〇八年）、深井雅海著『江戸城』（中公新書、二〇〇八年）、福田千鶴著『近世武家社会の奥向構造』（吉川弘文館、二〇一八年）等々で「江戸城」に関する研究は、歴史学の観点・視点からより日々活発化している。

（二松學舍大学附属高等学校教諭）

本書の原本は、二〇〇八年に講談社より刊行されました。

著者略歴
一九二六年　香川県に生まれる
一九四九年　日本大学法文学部卒業
東京大学史料編纂所教授、日本大学教授（法学部・文理学部兼担）を歴任
二〇一一年　没

〔主要編著書〕
『日本城下町絵図集』関東・甲信越篇（昭和礼文社、一九八一年）、『江戸城　日本名城集成』（小学館、一九八六年）、『年表日本歴史』五（共編、筑摩書房、一九八八年）

読みなおす日本史

江戸城
将軍家の生活

二〇二一年（令和三）十月一日　第一刷発行

著者　村《むら》井《い》益《ます》男《お》
発行者　吉川道郎
発行所　株式会社　吉川弘文館
郵便番号一一三―〇〇三三
東京都文京区本郷七丁目二番八号
電話〇三―三八一三―九一五一〈代表〉
振替口座〇〇一〇〇―五―二四四
http://www.yoshikawa-k.co.jp/
組版＝株式会社キャップス
印刷＝藤原印刷株式会社
製本＝ナショナル製本協同組合
装幀＝渡邉雄哉


ISBN978-4-642-07167-3

読みなおす日本史

# 刊行のことば

現代社会では、膨大な数の新刊図書が日々書店に並んでいます。昨今の電子書籍を含めますと、一人の読者が書名すら目にすることができないほどとなっています。ましてや、数年以前に刊行された本は書店の店頭に並ぶことも少なく、良書でありながらめぐり会うことのできない例は、日常的なことになっています。

人文書、とりわけ小社が専門とする歴史書におきましても、広く学界共通の財産として参照されるべきものとなっているにもかかわらず、その多くが現在では市場に出回らず入手、講読に時間と手間がかかるようになってしまっています。歴史の面白さを伝える図書を、読者の手元に届けることができないことは、歴史書出版の一翼を担う小社としても遺憾とするところです。

そこで、良書の発掘を通して、読者と図書をめぐる豊かな関係に寄与すべく、シリーズ「読みなおす日本史」を刊行いたします。本シリーズは、既刊の日本史関係書のなかから、研究の進展に今も寄与し続けているとともに、現在も広く読者に訴える力を有している良書を精選し順次定期的に刊行するものです。これらの知の文化遺産が、ゆるぎない視点からことの本質を説き続ける、確かな水先案内として迎えられることを切に願ってやみません。

二〇一二年四月

吉川弘文館

読みなおす
# 日本史

地理から見た信長・秀吉・家康の戦略　足利健亮著　二二〇〇円
神々の系譜　日本神話の謎　松前　健著　二四〇〇円
古代日本と北の海みち　新野直吉著　二二〇〇円
白鳥になった皇子　古事記　直木孝次郎著　二二〇〇円
島国の原像　水野正好著　二四〇〇円
入道殿下の物語　大鏡　益田　宗著　二二〇〇円
中世京都と祇園祭　疫病と都市の生活　脇田晴子著　二二〇〇円
吉野の霧　太平記　桜井好朗著　二二〇〇円
日本海海戦の真実　野村　實著　二二〇〇円
古代の恋愛生活　万葉集の恋歌を読む　古橋信孝著　二四〇〇円
木曽義仲　下出積與著　二二〇〇円

足利義政と東山文化　河合正治著　二二〇〇円
僧兵盛衰記　渡辺守順著　二二〇〇円
朝倉氏と戦国村一乗谷　松原信之著　二二〇〇円
本居宣長　近世国学の成立　芳賀　登著　二二〇〇円
江戸の蔵書家たち　岡村敬二著　二四〇〇円
古地図からみた古代日本　土地制度と景観　金田章裕著　二二〇〇円
「うつわ」を食らう　日本人と食事の文化　神崎宣武著　二二〇〇円
角倉素庵　林屋辰三郎著　二二〇〇円
江戸の親子　父親が子どもを育てた時代　太田素子著　二二〇〇円
埋もれた江戸　東大の地下の大名屋敷　藤本　強著　二五〇〇円
真田松代藩の財政改革　『日暮硯』と恩田杢　笠谷和比古著　二二〇〇円